中国脱贫攻坚
县域故事丛书
County-level Story Series on
Poverty Alleviation in China

中国脱贫攻坚
丹江口故事

全国扶贫宣传教育中心 组织编写

人民出版社

序　言

　　至 2019 年底，丹江口市贫困发生率由 2014 年的 34.68% 降至 0.0049%，先后通过了国家、湖北省脱贫攻坚成效考核和脱贫摘帽专项评估检查。2019 年 4 月 29 日，经湖北省政府批准：丹江口市退出贫困县管理。此消息如星火，照亮着前行道路。

　　丹江口市在改革开放前称均县，境内有武当山和丹江口水利枢纽工程，虽然当时经济实力是湖北省郧阳地区 6 县的排头兵，但经济发展仍然非常落后。1978 年全县地区生产总值 20657 万元，财政收入仅 1984 万元。1983 年县改市，湖北省委、省政府确定丹江口市为工业旅游城市和全省综合改革试点县（市），1985 年被国务院确定为乙类开放城市，1986 年升格为全国甲类开放城市。因该市集山区、老区、库区为一体，基础弱、底子薄，贫困人口多、贫困程度深，一直以来都是湖北乃至全国扶贫攻坚的主战场。

　　全面推进精准扶贫、精准脱贫工作以来，丹江口市坚定不移贯彻落实习近平总书记关于扶贫工作重要论述和中央、省、十堰市决策部署，认真学习贯彻《中共中央　国务院关于打赢脱贫攻坚战的决定》《中共中央　国务院关于打赢脱贫攻坚战三年行动的指导意见》等文件精神，牢固树立抓扶贫就是抓发展的理念，自觉担当脱贫攻坚政治责任，把脱贫攻坚作为重大政治责任和第一民生工程来抓，稳步推进

丹江口大坝老照片

经济社会高质量发展，努力提高人民群众获得感、幸福感，先后研究制定了《关于全力推进精准扶贫精准脱贫的实施意见》《丹江口市决战决胜脱贫攻坚行动方案》《丹江口市打赢脱贫攻坚战三年行动工作方案》等文件，按照"六个精准""五个一批""两不愁三保障"的要求，集中精力、尽锐出战，在脱贫攻坚路上，涌现出许多生动鲜活的脱贫攻坚典型故事。

这些故事让我们看到：成功的反贫困与党委政府的动员能力高度相关，但最根本的原因在于党委政府的动员激发了贫困人口内在的自我脱贫动力，增强了贫困人口向贫困挑战的勇气和能力。

这些故事让我们看到"一切为了群众，一切依靠群众，从群众中来，到群众中去"的群众路线，在打赢脱贫攻坚战中所起的关键作用。

《中国脱贫攻坚——丹江口故事》的编纂，旨在通过故事，借鉴经验，找到方向，以导引为目的，冀望为读者提供借鉴。

《中国脱贫攻坚——丹江口故事》，力求把脱贫攻坚的现状客观地贯穿起来，从中探索出"乡村振兴"的发展路径和经济建设发展规律。

决胜脱贫攻坚，是丹江口市始终坚持党的领导，解放思想，奋发图强，共谋发展，开创未来，而取得的最可喜的成就。

在未来的日子里，丹江口人民将继续沿着"生态核心、绿色转型"这条振兴之路前行，奋力建设宜居宜业宜旅的生态滨江城市，奋力撰写丹江口的新篇章。丹江口，明天会更加美好！

目　录
CONTENTS

第1章

殷殷关怀 情系水都

第一节　伟大构想

1952 年 10 月，毛泽东在听取时任黄河水利委员会主任王化云的工作汇报时，说："南方水多，北方水少，如有可能，借点水来也是可以的。"

这一个"借"字，孕育成了举世闻名的南水北调工程，也将全世界的目光聚焦在这里——丹江口。

这就是世人瞩目的南水北调中线工程的开篇。

丹江古称丹水、淅水、粉青江、黑江等。相传尧在晚年时，经过多次考察，选定了舜来接自己的班，并将丹朱贬到这条江边思过，后称该江为丹江。

丹江注入汉江的地方，叫丹江口。伟大构想，专家论证，丹江口水利枢纽选择到了这里。

1958 年 9 月，伴随

图 1—1　汉江丹江口水利枢纽工程开工典礼

着一声"开工炮响",丹江口大坝建设破土动工,坝址选在汉江与丹江汇口以下 800 米处。这是开发汉江的第一个控制性大型骨干工程,也是南水北调中线工程第一期工程,具有防洪、发电、引水、灌溉、航运、养殖等综合效益。

丹江口大坝建成下闸蓄水后,均州古城全部淹没,均县县委、县政府经过两年多的搬迁,最终迁徙到丹江口大坝施工工地附近,就是现在的丹江口城区。

第二节 碧水壮歌

汉江边上有一座历史名城,叫均州古城,距今已有两千多年的历史。

城墙全部用 15 公斤一块的青砖砌成,城池结构坚固。位于均州古城内的净乐宫,作为武当山古建筑群中"九宫"之首,与北京故宫同时建造,其建筑设计与北京故宫相同,只是规模要小得多。

旧时,均州古城是古均州、均县的治所,始建于战国,称均陵郡。自秦代设武当县,隋唐时改称均州。新中国成立后,在古均州设县,辖武当山,为均县。

水进人退,水逼人走。这是当年丹江口大坝

图1—2 老均州古城旧貌

建成蓄水后的深刻写照。

丹江口大坝破土动工，均县人不等不靠，16万人陆续动迁，颠沛流离，或就近从水边向山坡上安置，或外迁安置在宜城县、襄阳等地。

均州古城也在1973年丹江口大坝建成，下闸蓄水后，永远淹没库底。

"铁打的均州，纸糊的郧阳"，这句民间俗语成为人们对均州城的永恒记忆。

改革开放以来，丹江口人建设新家园，修缮武当山，经过了短暂的休养生息。

1990年，水利部长江水利委员会到当地对南水北调中线工程建设进行了可行性研究，对172线以下淹没区实行"禁建令"，原则上停止一切建设。

半个丹江口，顿时处在边生存边观望的状态中，发展处于停顿状态。

丹江口大坝加高工程于2005年9月26日正式开工。工程区移民

图1—3 响应国家号召，库区移民搬迁

于当年 4 月启动。

2008 年，移民试点工作展开，丹江口涉及动迁移民近 10 万人。这次移民搬迁，时间短、任务重，在世界水库移民搬迁史上十分罕见。

其中涌现出许多可歌可泣的感人事迹，饱含着丹江口库区人民顾全大局的牺牲奉献，充分展现了水都儿女勇于担当、自强不息和重建家园的进取创造精神。

两次移民大迁徙，46 万丹江口人中有 26 万移民，他们"舍小家为大家"，铸就了共和国建设史上的一座巍峨丰碑。

2015 年新年前夕，国家主席习近平通过中国国际广播电台、中央人民广播电台、中央电视台，发表了 2015 年新年贺词。在贺词中，习近平说，2014 年是令人难忘的。12 月 12 日，南水北调中线一期工程正式通水，沿线 40 多万人移民搬迁，为这个工程作出了无私奉献，我们要向他们表示敬意，希望他们在新的家园生活幸福。

第三节　殷殷关怀

丹江口地处秦巴山片区，土地革命战争时期曾是鄂西北均房苏区的核心区，抗战时期有"小延安"之称。老一辈无产阶级革命家贺龙、李先念、王树声等在这里留下深深的足迹。

丹江口水库水汊交织，山大地少，给当地群众生产、生活带来极大不便，库区群众贫困状况长期难以解决。

1980 年，时任中共中央副主席邓小平亲临丹江口视察，中共湖北省委第一书记陈丕显、中共河南省委第一书记段君毅等陪同视察，给丹江口人民带来了关怀与温暖。

20 世纪 80 年代中期，国家加大扶贫力度，自 1986 年起采取了

图1—4 1960年丹江口大坝开始进行建设

图1—5 投入使用的丹江口大坝

一系列重大措施：成立专门扶贫工作机构，安排专项资金，制定专门
的优惠政策，并对传统的救济式扶贫进行彻底改革，确定了开发式扶
贫方针。

图1—6 丹江口水库是汉江上游的大型水利枢纽工程，也是南水北调中线工程的水源地

丹江口市作为当时的贫困县（市），在全市范围内开展了有计划、有组织和大规模的开发式扶贫。

2011年5月31日，时任中共中央总书记、国家主席、中央军委主席胡锦涛在丹江口考察工作。

在丹江口市土关垭镇龙家河村的一处庄稼地里，胡锦涛走进一片旱情严重的农田，翻开田里的土壤查看墒情，并向村民了解旱情。得知村里现在正把插不上秧的水田改成旱地，抢种玉米、花生、大豆等抗旱作物时，胡锦涛拿起锄头和村民一起补种玉米。

在丹江口大坝上，胡锦涛俯瞰上下游水情，听取南水北调工程建设和丹江口水库运行情况汇报。胡锦涛说，丹江口水库的兴建，不仅在汉水流域治理和开发中起到了重要作用，也为现在实施南水北调中线工程奠定了重要基础。

胡锦涛希望有关方面按照中央要求，进一步把丹江口水库建设好、管理好、维护好，同时抓好移民安置、环境保护、配套工程建设，为加快南水北调工程建设作出更大的努力。

　　2011 年 6 月 3 日，时任中共中央政治局常委、国务院总理温家宝赴丹江口水库实地查看水情、旱情、灾情，看望慰问干部群众，指导抗旱救灾工作。

　　丹江口水库是汉江上游的大型水利枢纽工程，也是南水北调中线工程的水源地。温家宝说，南水北调工程是中央决策的重大工程，必须建设好。应该全面考虑四个重大问题：一是水质问题。这既涉及库区周边水环境，也涉及南水北调沿途输送环境。二是移民问题。要保障移民得到妥善安置和长期稳定就业。三是汉江水环境容量问题。要密切关注汉江水环境的变化，防止水体富营养化。四是水资源利用和保护生态环境的关系。水利工程给生态环境带来了影响，生态环境的变化也会给水利工程带来影响，要综合考虑。

　　一次次亲切关怀，如春风润物。

　　坚定信心，转型升级，绿色发展。

　　亲切关怀，为丹江口发展和脱贫攻坚工作指明了方向和路径。

图 1－7　丹江口市一江两岸滨江景观带

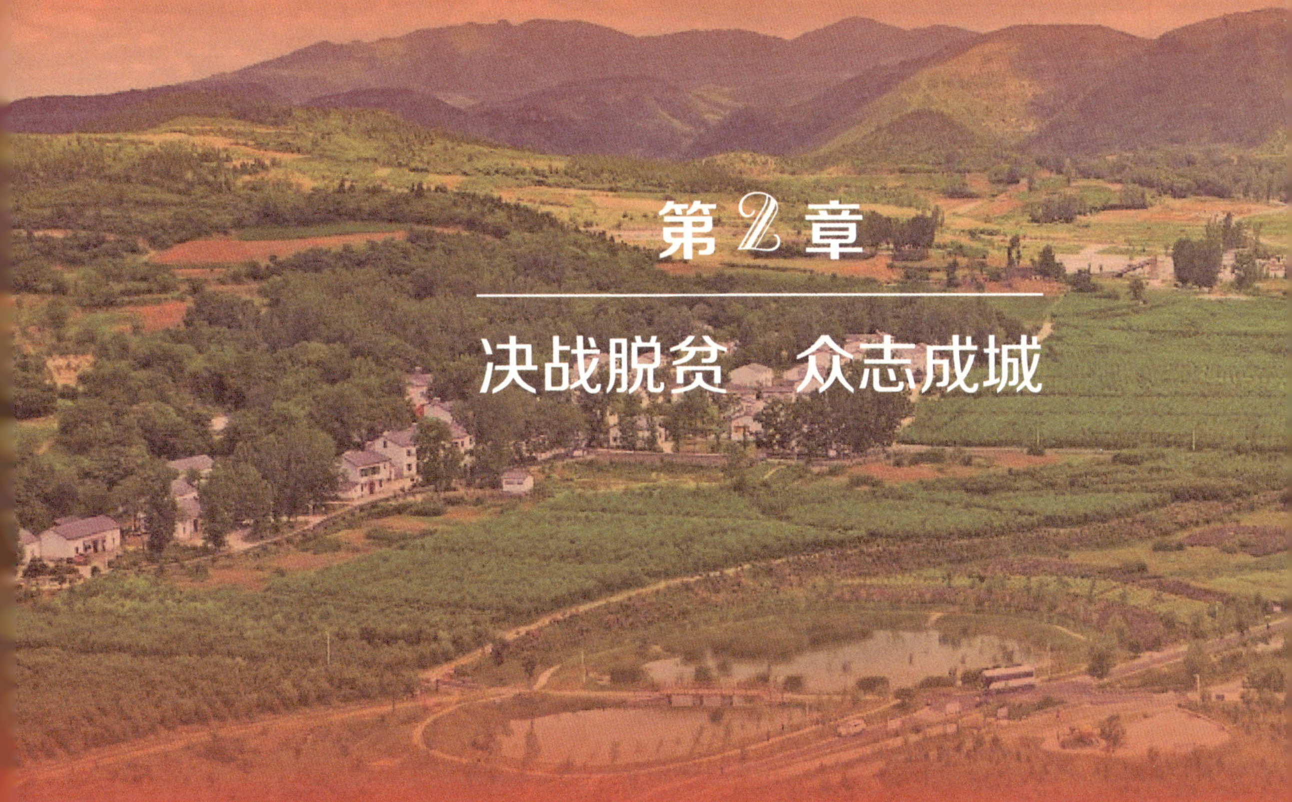

第2章

决战脱贫　众志成城

丹江口山高水长，有"中国水都、亚洲天池"之称。境内有世界文化遗产、国家5A级风景区、道教圣地——武当山；南水北调中线工程调水源头、国家级风景名胜区——丹江口水库。

全市总面积3121平方公里，辖20个镇（办、处、区），总人口46.3万。

因两次移民大迁徙，全市移民26万人，占全市总人口的56.2%，加之是集山区、老区、库区为一体，贫困状况一直没有得到缓解。

2014年，全市建档立卡贫困人口30353户97366人，重点贫困

图2—1 道教圣地——武当山

村 56 个，其中深度贫困村 14 个。贫困人口主要分布在汉江以南高寒山区、汉江以北石漠化山区和丹江口水库淹没区 3 个贫困带，贫困区域广。

第一节　路在脚下

凭着丰富的水资源和丹江口水库一湖甘甜的清水送京津，丹江口市独具魅力，被誉为"中国水都"。

放眼远眺，青山绿水，蓝天白云，你会看到：一条条通畅、洁净的乡村公路，犹如银灰色的绸带，向着美丽村庄、产业园区、旅游景点……延伸，与库区的迤逦风光交相辉映，令人心旷神怡，流连忘返。

多年来，丹江口市高位谋划，突出交通建设的先导地位，将通乡通村公路作为脱贫的首要工作来抓，重点把农村公路修通，完善

图 2—2　丹江口市牛河林区连接市区的公路

图 2—3 丹江口市浪河镇黄龙村漂流公路

路网；把农村公路修好，提升道路质量；创新客运模式，发展农村物流，把农村公路运营好，建设硕果累累，荣获 2017 年全省"四好农村路"示范县称号。重点建设了太和大道、丹阳大道等 4 条一级路，凉习路、环库路江南段等 10 条二级路，3 座跨汉江大桥，2 个库区港

图 2—4 丹江口市官山镇吕家河村通村公路

图2—5　航拍牛河林区一处精准扶贫通村公路

口，汉十高铁丹江口南站和武当山站建成通车。全市所有行政村、20户以上自然村实现100%通硬化路的目标，农村公路总里程达到4500公里，初步形成了以高速公路为主轴、干线公路为骨架、县乡公路为支撑、通村公路为网络的交通体系。

脱贫攻坚工作开展伊始，丹江口市政府每年"十件实事"中都有一件是关于农村公路，并在年初明确任务目标，年中强化监督检查，年末严格考核兑现。

2017年，为确保"四好农村路"建设成效，政府出台了《"四好农村路"创建实施方案》及《"四好农村路"示范县创建工作实施方案》，为"四好农村路"建设保驾护航，形成了政府主导、交通主抓、镇村主体的"四好农村路"发展格局。

根据湖北省交通运输厅《湖北省"四好农村路"三年攻坚战实施方案》精神，丹江口市交通部门主导编制了《"四好农村路"发展规划》，明确2020年，基本建成与国省干线路网结构相协调、与乡村振兴战略相促进、与生态环境保护相适应、全面助力脱贫致富的"安全畅通、规范有序、生态美丽、舒适便捷、绿色智能"的全市农村综合交通运输体系，实现"全市一体系、各镇一特色、每路一景致"的目标。

群山绵延、沟壑纵横，山区修路投入远比平原地区高。限于资金，十年前，许多乡村尚未通路、通车，经济落后，农民出行困难。

"过去，村里路不通，出门靠走河底便道，人窝在山里，土特产、农产品烂在田里，大家致富无门。"地处大山的官山镇吕家河村党支部书记易明谦说。

"让农村更强、农民更富、乡村更美，是交通人的责任和使命，成本再高，也要把路修通。"分管公路工程质量的丹江口市交通运输局副局长张健说出了交通人的心声。

全市集中财力和精力，连续投入 5 亿元，建设通村公路 800 余公里、建成农村扶贫道路 278 公里、产业道路 116 公里、安全生命防护工程 1492 公里，实现了农村等级公路比例达到 100%，行政村、规模以上自然村硬化道路覆盖率达到 100%，农村公路铺装率达到 90% 的目标。

图 2—6　三官殿办事处化吉村新修的通村公路

图2—7 村村通客车启动仪式

吕家河村至田畈村10公里长、9米宽的沥青路修通后，当地土特产源源不断销往外地，路两边建起农家乐40余家；吕家河村人均收入从2014年的3000元提高到7000元，田畈村955户贫困户全部脱贫。

一条通往大明峰景区的7米宽沥青路，使景区内官山镇骆马沟村变得村美民富；由交通部门投入1000多万元，在高山峡谷间打通一条长10公里、宽5米的道路，把浪河镇黄龙村众多古迹和秀丽风景变成村民致富的资源。

为全面提升农村公路建设水平，丹江口市大力开展示范路、示范乡镇创建，以特色促发展，建成了以牛河接线路、武当南神道路、武当峡谷漂流路等为标准的"四好农村路"示范路段；突出路域环境治理、日常养护、精准扶贫、旅游开发、产业发展等多方面特色，建成示范路县道717公里、乡道343公里、村道277公里；推进示范乡镇建设，2018年建成2个示范乡镇，2019年至2020年每年创建不低于3个示范乡镇，确保2020年省级示范乡镇占比达到一半以上。

同时，开展为期三年的"四好农村路"攻坚战，按照路面宽度不低于5.5米、两侧路肩各0.5米的标准，对农村公路进行提档升级；推动农村公路向进村入户延伸，全面完成20户以上通组公路建设。

路修好，筑牢了发展底盘。同时，丹江口市又开启农村客运"新模式"，谱写了助民脱贫"新篇章"。

山区客运，因地处偏远，乘客量少、人户分散、不稳定等因素，造成运营成本高、盈利难，民营客运企业在多次试运营后纷纷退出。

丹江口市大胆探索通村客运新途径，选择并走出了一条"政府主导，国有公车公营"的通村客运发展之路，建起以公司化经营、员工制管理、工资式待遇为核心的运营模式，确保了农村客车"开得起、留得住、稳运营"。

从 2015 年开始，王志强开着一辆 14 座农村客车，往来于浪河镇与黄龙村，沿途经过 8 个停靠点，为出门买菜、看病、走亲访友的乡亲们服务。"按照公司要求，每天跑两个来回，单向里程 11 公里，每月工资 3000 元，还有五险一金。"王志强十分满意。

目前，丹江口市 194 个行政村已全部通车，农村客运班线 108 条，车辆 159 台，客车通行率、保持率均达到 100%。

农村物流发展迅速，丹江口市采取"政府主导、企业运作、合作共赢"的运营模式，建立了市、镇、村三级物流体系，拥有市级农村综合物流货物集散中心 1 个、乡镇综合物流服务站 18 个、村级物流网点 167 个，通过推广货运班线、客运班车承接小件快运等模式，打通了农村物流"最后一公里"。

图 2—8 习家店镇杏花村新修的通村公路

图2—9 建成后的高铁丹江口站

把农村公路运营好，为农民出行带来方便，为乡村发展带来商机。

时任丹江口市交通运输局局长陈钧表示，下一步将加大"四好农村路"示范乡镇、推进提档升级工程和"美丽农村路"建设投入，服务脱贫致富，助推乡村振兴，扮靓"中国水都"。

丹江口市既是南水北调中线工程核心水源区，又是集山区、老区、库区于一体的全国集中连片特困地区，交通内联不通，外联不畅，严重制约了群众脱贫步伐。

"原来丹江口出城上福银高速必走'山路十八弯'的孟土路，该路段海拔高，路窄弯多坡大，冬季路面经常结冰，车祸频发。"经常跑各地的江师傅一想到老孟土路仍心有余悸。

现在，出城就是一级公路，15分钟内就可驶上福银高速。

241国道丹江口到南水北调取水口河南淅川县九重镇陶岔公路通车，结束了两地绕行需要3个小时的历史，鄂豫两地人民多年期盼的丹江口到陶岔只需半小时变为现实。

出家门，一小时到达武当山机场，来一场说走就走的旅行。2019年3月6日，丹江口通用机场项目选址报告编制启动会议召开。项目建成后，将成为旅游发展的新业态、新热点。

2019 年 11 月 29 日，这是丹江口人值得纪念的日子。这天，汉十高铁丹江口站开通运行，这是当地首条高速铁路。汉十高铁开通，丹江口市继圆了高速公路梦想后，又迈进高铁时代，公水铁空等综合交通的快速发展，有力地支撑起群众脱贫致富的梦想。

汉十高铁开通后，丹江口至武汉仅需 2 个小时左右，省去了过去动辄五六个小时路程还需转车的烦恼。

丹江口港陈家港港区物流园码头（砂石集并中心）的使用，极大地发挥了丹江口的航运能力。丹江口港区正成为集砂石集并、旅游客运、通用散杂货、公务执法等功能于一体的综合性港区。

丹江口市丁家营镇在建的十淅（从湖北十堰到河南淅川）高速公路，计划 2022 年下半年完工。该公路将成为福银高速与沪陕高速之间的快捷通道，还将三峡库区、神农架、武当山、洛阳等景区连接起来，推动沿线生态文化旅游业快速发展。

很快，丹江口市将形成以汉十高速为主轴，以十房高速、十淅高速

图 2—10 观光果园采摘体验

图 2—11 游客正在习家店农博园采摘水蜜桃

为两翼，以数条国道、省道干线为骨架，县乡公路和农村公路为脉络的七横五纵四循环、十三大出口的交通网络体系。

驱车丹江口，公路上、车站旁、采摘园里，不时见到北京、天津、河北等牌照的私家车。

丹江口市围绕全域旅游产业发展，建设环库路、提升旅游景区路、畅通旅游"瓶颈路"，投资20余亿元，秉承可持续发展理念，在路线设计上尽量保持原生态，因地制宜，宜路则路、宜桥则桥、宜隧则隧，建设113公里丹江口环库公路，连接60余个行政村、10个景区。

为满足游客深度游、观光游、农家游等多样化需求，也为促进村民就业、出售土特产，丹江口市交通运输局将村庄、采摘园、景点有机结合，建设12公里蔡湾村环库绿道和4公里汉丹港绿道示范区项目，吸引了许多市民、游客。2018年，该市接待游客1715万人次，实现旅游综合收入114亿元，同比增长15%和31.7%，农民年人均可支配收入11260元。

47岁的习家店镇板桥村一组村民柴锦筹说："路好，每天骑电动车来上班，既照顾了家庭，年收入又有2万多元。"浪河镇黄龙村二组山花农庄厨房里香气扑鼻，忙个不停的王元菊说："中午有几桌客人。"四通八达的农村公路和便捷的运输为丹江口农村带去了人气、财气，助推了脱贫产业发展。2018年新引进规模项目35个，总投资80亿元。

2019年4月，丹江口市退出贫困县序列，当地人民曾经望山兴叹、望水无助、因山而穷、因路而贫的日子一去不复返。

陈钧说："成功创建省级'四好农村路'后，全市正在朝组组通、路路安、条条畅、处处美的目标迈进，为脱贫致富奔小康和助力乡村振兴提供坚强支撑。"

第二节 "网路"通天下

在丹江口市城乡，有这样一群人，由于长期在风雨酷暑中奔波，他们脸黑手糙，但他们用黑脸和糙手建设宽带乡村，用笑脸和汗水助力精准扶贫，赢得了人民群众的喜爱。他们就是湖北省楚天广电网络公司丹江口支公司的一群黑脸员工。"远看像卖炭的，走到面前是广播站的"，这句话成了他们的真实写照。

在丹江口库区腹地，坐落着一个只有 1 万多人、沟壑纵横的小镇——龙山镇。这里有一个只有一个人的广电营业点（原广播站），郑家波既是负责人也是维修工。

2015 年 8 月，丹江口市为脱贫攻坚，启动了"宽带乡村"项目建设，郑家波按照公司《宽带乡村建设实施方案》的要求，主动学习光纤入户技术，认真搞好项目规划。为掌握规划的第一手资料，硬是用双脚在两个月里把龙山镇 14 个村 55 个村民小组的沟沟汊汊跑了个遍。

在建设过程中，郑家波注重严格把关工程质量，当好黑脸。施工队进驻后为了省事省工减少麻烦，把 6 个应安装在安置点内的光纤箱装到了安置点外 1 公里多的路边杆子上。郑家波巡线看到后立即要求现场整改，施工人员好话说了一箩筐，郑家波不为所动，现

图 2—12 电信职工光纤入户

图2—13 电信职工光纤入户

图2—14 电信职工光纤入户

场"教训"施工队说，"宽带乡村"项目建设几十年难遇，质量不保证，广电用户和贫困户看不好电视骂的是我们，骂的是共产党。

施工队最后不得不按图纸要求进行整改，将光纤箱装在安置点用户过道山墙上。这样一拆一返工，施工方损失近2万元。事后，一名施工工人直接将郑家波改名为"郑夹板"，埋怨他不近人情，是个"犟筋头"。

"宽带乡村"项目建好后，王大昌主动要求接入广电网络，网络开通这天晚上，五十多岁的他高兴得像个孩子。2018年夏天的一个中午，在家吃饭的郑家波接到王大昌的电话说电视没信号了，郑家波丢下碗筷，骑上摩托车就走，到王家一看，原来是机顶盒没开。像这种"故障"，王大昌最多时一周

图2—15 电信职工光纤入户

图2—16 农户们查询网上信息

发生过四次，每次接到任务，郑家波都在第一时间赶到，细致而又耐心地教老人使用遥控器选择想收看的节目。就是这一次又一次的认真劲，使郑家波赢得了老人的青睐，郑家波每到彭家河村维修，王大昌都会叫他到自己家吃饭。

正是凭借这股"犟劲"，郑家波率先完成了龙山镇的"宽带乡村"建设任务，宽带覆盖率达到100%。让库区群众用上了广电宽带，看上了高清电视节目。

正是这50多个黑脸大小网格经理分兵把守在全市城乡的20个镇办和194个村，使得丹江口市如期完成"宽带乡村"建设任务，成功实现"有入户的广电通信光缆"的"九有"脱贫目标，使得五年投入5000多万元的投资收获了应有效益。

第三节　谁是最可爱的人

　　贫困之冰，非一日之寒；破冰之功，非一春之暖。

　　干部下沉，责任包保，让工作落到实处。

　　丹江口市实行"市级领导包镇（办、处、区）、镇（办、处、区）班子成员和市直部门包村、工作团包工作队，各级干部包户"的扶贫包保责任制。35 名市领导负责包保 18 个镇（办、处、区），市委、市政府主要负责人分别包保脱贫任务最重的两个乡镇。落实市级领导每月到镇、村开展扶贫工作 5 天，工作队员脱产驻村工作重心下移、干部精力聚焦。8009 名包户干部入户宣传政策，参与制定发展规划、督促落实"五个一批"政策到村到户、培养创新创业致富典型、指导加强基层组织建设、发展壮大集体经济、监管扶贫项目资金等工作。

　　他们活跃在水都大地上，他们是最可爱的人。

　　如今，走进习家店镇茯苓村，房前屋后干净整洁，整齐划一的水泥路面直通进家中，平整开阔的广场，一面面手绘社会主义核心价值观的文化墙……让清新美丽的新农村画卷尽收眼底。

　　而五年前，该村可是个破落村。全村共有贫困户 325 户 1159 人，贫困发生率为 45%。

　　贫困群众之多、贫困程度之深，让当时丹江口市委办驻村工作队员们震惊。

　　"刚开始，我们工作队进村入户，看到的是破旧的房屋、泥泞的道路和群众期盼的眼神，深感压力大、责任重。"驻茯苓村第一书记、工作队队长许小龙说。

　　脱贫攻坚是政治责任。工作队与村干部横下一条心，使出一股劲，全力以赴，全力攻坚克难。

图 2—17 习家店镇茯苓村新貌

　　工作队与镇帮扶干部、村干部共商扶贫措施，共议扶贫路径，将各项脱贫目标任务分解到户、到人，做到户户有帮扶责任人、家家有扶贫产业、户户有增收渠道，所有帮扶干部用心用情用力，全身心投入到脱贫攻坚战场。

　　茯苓村一组村民徐洪民近日特别高兴。"今年猪价好，我前几天出栏了 15 头猪，卖了 7 万余元，栏里还有 28 头，年底能全部出栏；年前再屠宰一头牛，今年收入 15 万元没问题。"正在给猪喂食的老徐高兴地算了一笔账。

　　老徐曾是贫困户，2016 年实现了脱贫，还住上了新房屋。但老徐

图 2—18 徐洪民喜气洋洋地摸着自家猪栏的猪

中国脱贫攻坚 ｜ 丹江口故事

图2—19　凯杰生态养殖合作社

不等不靠不要。"国家给我盖了房，硬化了入户路，但我也不能坐等国家政策，一定要自力更生，才能对得起国家。"老徐这样认为。

"脱贫了并不代表可以放松帮扶，我们工作队继续按照'四个不摘'要求，不甩包袱、不松气歇脚，激发群众的内生动力，鼓励贫困户发展产业，致富奔小康，不断巩固和提升脱贫攻坚成效。"队员徐志强认真地说。

钱凯杰是东风公司的一名退休职工，2017年开始在茯苓村成立了"凯杰生态养殖合作社"，现在养殖70多头牛，附近有7名村民长期在这里务工，其中4人是贫困户。

"我家10头牛寄养在合作社，牛养大后还是我的，我只负责管理合作社，每月还有一份工资。"贫困户李宏伟就是通过"技术＋牛＋合作社"的方式，不仅使自己家的牛有了保障，还能有一份稳定的收入。

该村贫困户刘良随更高兴，媳妇常年在本村合作社务工，活不重，每月固定收入2000元；刘良随则在周边工地上务工，一家人每月收入达6000余元，更重要的是他们能照顾家里的老人和小孩。"一家人团聚比什么都重要。"刘良随喜滋滋地说。

发展产业是巩固脱贫成果的根本，驻村工作队按照"一村一规划、一户一计划、增收有路子、脱贫有目标"的要求，从实际出发，因地制宜，把种什么、养什么、从哪里增收想清楚弄明白，帮助所驻村瞄准市场需求，拓宽致富路子。

"我现在每天能加工缝制60多个棒球，每个加工费1元，虽然收入不多，但能够照顾家庭。如果以后技术熟练了，缝制会更快。"该

· 028 ·

村二组村民朱自荣算了一笔账。朱自荣原来在家里照看老人和孩子，农闲时就与附近的群众打打牌。

图2—20 朱自荣正在制作棒球

2018年，驻村工作队结合实际，与集镇上的棒球加工厂联系，请来技术人员为这些家庭妇女培训棒球缝制技术。朱自荣与同村几名妇女接受了半个月的技能培训，如今，大家每天聚在一起缝制棒球，不仅做了家务活，也增加了一份收入。

为鼓励群众致富，2019年，茯苓村养殖牛214头、羊92只、猪494头、家禽9019只、

图2—21 干部群众现场检查卫生并打分

蜜蜂20箱，种植油菜484亩、红薯235亩……

如今，走进茯苓村，环境卫生大变样：蔚蓝的天空，清新的空气，平坦的水泥路面，干净整洁的村庄……人们无不被宁静的村庄和美丽的环境所吸引。

"老赵，这个季度的环境卫生搞得干净，以后还要继续，这是给你的奖励。"许小龙把一包洗衣粉、一个杯子递给贫困户赵万喜。

现场检查、现场打分、现场发放奖品，工作队采取奖励的方式鼓励群众打扫庭院卫生，打造美丽乡村。

农村环境综合整治是落实乡村振兴的重要抓手，为进一步推进环境卫生综合整治，调动群众的积极性，工作队与村两委商议，采取奖励的方式调动群众的积极性。

"一季度一评比，参加评比的有驻村工作队员，村委会委员，村民代表，到每家每户看厨房、卧室、卫生间、庭院、房前屋后等，现场评比打分，对环境卫生好的给予一定的奖励。"队员姚剑波说。

"现在环境卫生搞差了都不好意思，说实在的，环境好了，我们的心情也好了，在外打工的孩子们回来也说村里的面貌变化大。"看到硬化的道路、漂亮的房屋，赵万喜心里喜滋滋的。

2019年，驻村工作队争取资金50万元，帮助98户贫困户硬化了4000平方米庭院和2.2公里入户道路。

茯苓村的群众，生活越来越美好了。

正是有了这些驻村帮扶干部，才让贫困群众看到了生活的出路，看到了发展的希望。

白杨坪林区簸箕岩村地处边远山区，长期以来交通闭塞，基础设施建设相对滞后，经济社会发展缓慢，2017年被确定为深度贫困村。

自彭永太担任簸箕岩村党支部书记以来，面对妻子和孙女的重病，他舍小家为大家，坚守脱贫攻坚第一线，以村为家，带领着村民拔穷根、修富路，完善基础设施，发展富民产业、改善人居环境，把簸箕岩村这个地处偏远、贫穷落后的小山村建设成人居环境优美、群众安居乐业的小山村。

彭永太上任时，该村的易地扶贫搬迁建房工作刚刚启动，时间紧任务重，而此时正赶上彭永太身患甲状腺癌的妻子需要到医院进行化疗，为了按时完成精准扶贫工作，彭永太抢时间赶进度，一心扑在工作上，连自己需要进行化疗的妻子也无暇接送。

怀着对家人的愧疚，看着贫穷落后的家乡，彭永太毅然投入带领乡亲发展致富的工作中。

作为土生土长的簸箕岩村人，彭永太非常了解基础设施不完善对

图 2—22　察看油茶挂果情况

村里发展的限制，由于通村道路年久失修、破损严重，簸箩岩村之前一直未通客车，村民出行非常不便。回村后，彭永太积极向上争取项目资金，推进通村公路改造升级。同时他还多方筹措资金，对村里的饮水设施进行了改造，建成水窖 6 口，解决了全村 151 户 414 人吃水难的问题，改变了村民世世代代挑水吃的窘境，用上了方便卫生的自来水。

白杨坪林区簸箩岩村二组村民李安海说："我们以前吃水都是井水，每次挑水都要走两里多路，2018 年彭书记上任后给我们安装供水管网，现在家家都用上自来水了，吃水方便多了，满意得很。"

有了良好的基础条件，如何带领群众增收致富就成了彭永太最关心的问题，想到村里之前有发展油茶产业的基础，彭永太和市委农办驻村帮扶工作队一合计，决定由市委农办出资、出技术，由村里出力，对村里的老油茶基地进行升级改造。由于老油茶基地撂荒多年没有收益，为了打消村民的顾虑，彭永太身先士卒，带领村民一起对油茶基地进行改造升级，而累累硕果带来的收益也坚定了村民们跟着彭书记干的决心。

图 2—23 房盖了，路通了，村民们更有盼头了

市委农办驻白杨坪林区簸箩岩村第一书记、工作队长谢邦君说："我们和村委会一起商量定了以后，彭书记带领群众和我们工作队一起建油茶基地，今年春天我们种植了 200 多亩的油茶。"

在彭永太担任村党支部书记的短短一年时间里，村里发生了翻天覆地的变化。贫困群众住上了安全漂亮的易迁房，宽阔平整的通村路修到了家门口，家家户户用上了干净卫生的自来水，家里的土地可以入股分红，在合作社里打工还有薪金。在他的带领下，村民的日子过得是蒸蒸日上、充满了希望。

在许许多多的驻村扶贫干部中，老耿也有自己的特色——"磨人"。

"你给我说的'六个一批'已享受政策我都知道了，你回来都跟我唠叨这些，你真是个磨人的人啊！""别嫌我磨人，等大伙儿都脱贫致富奔小康了，我就不磨你们了。"……对话中爱"磨人"的那个人，是市烟草局扶贫驻村帮扶第一书记耿青平。

2017 年，市委、市政府提出杏花村 2018 年前整村出列，丹江口市烟草局深感责任很重、担子很沉，必须进一步配强扶贫工作队力量。该局领导班子经过集体慎重考虑，决定让有着34年丰富基层工作经验的耿青平接过精准扶贫工作的接力棒，担任驻村帮扶第一书记。

接到组织的工作安排后，耿青平同志没有半点推脱，第一时间就进了村，面对贫困户多、贫困人数多、村两委力量薄、帮扶干部忙的现状，他细细地琢磨起来，很快梳理形成了帮扶干部、驻村工作队、村组干部等4个层级的扶贫工作责任清单，做到了开展工作责任清楚、事项明白、高效有序。

耿青平还将网格化管理经验引入扶贫村管理，划分了帮扶区块，由工作队员担当区块"管理员"，对贫困户、非贫困户实行分类管理和服务。工作队员有了目标，工作起来信心足了，干劲也高了。

"不户户走到，不把鞋子磨破，就没有发言权。"老耿一上任便扎进了村里，一组一组地跑，一沟一沟地走，一户一户地访，掌握第一手资料，了解村民的真实想法。

"找到了问题，就要解决问题。"老耿把问题一一摊在了村里的精准扶贫推进会上，与村委其他同志及工作队员一起想办法、找对策。

在老耿的带领下，工作队经过细致地入户走访、政策宣讲，化解村情矛盾几十条，并推动村里开展便民服务送到家。贫困户对工作队的满意度不断上升，杏花村的精准扶贫工作在年底的多项考核中居于前列。

"做农村工作，就是磨嘴皮子、磨鞋底子，我们知道老耿嘴皮子耐磨，没想到鞋底子也这么耐磨。"杏花村驻点领导陈传林如此评价。

图2—24 "三磨书记"耿青平帮贫困户干农活

图2—25 习家店镇猕猴桃产业

"低产仁用杏园改造，受益农户110户，800亩，后期还要推进2000亩仁用杏基地改造，这样增收基石会更牢。""高科技农业生态园建设，150余户贫困户流转种植600多亩猕猴桃、高糖南瓜、甜玉米等，合作社生产，包产包销，增收有保障。""协助筹集资金近50万元，开展村容村貌环境整治，彻底解决村庄脏、乱、差，有力推动了特色休闲观光旅游业发展，带动周边188户贫困户增收。""千方百计增加村集体收入，盘活村集体闲置土地200余亩，对外招租可创收9万元以上；90千瓦光伏发电站并网发电，可每年创收7万元以上。"老耿琢磨的一件件事儿、算出的一笔笔脱贫增收账都是他日日夜夜潜心思考、仔细研"磨"的结果。

他用真心真情真爱，化解了百姓之忧，赢得了群众之心，在精准扶贫工作中尽到了一个共产党员应尽的职责。

他，磨人，但更让人感动和信赖。

谈起驻村帮扶工作，赵志国有自己的见解。

赵志国是国网丹江口市供电公司驻习家店镇李家湾村扶贫工作队第一书记。

赵志国说："扶贫工作就像离弦之箭，只有前进没有回头，只要确定了扶贫工作任务就义无反顾，要坚定信心夺取脱贫攻坚战的最后胜利……"

2019年，赵志国51岁，仍用热血书写着电力人的奉献与担当。

"没有党和政府的好政策，我就没有机会上学、参加工作，走出山村。我选择驻扎李家湾村搞精准扶贫工作，是发自内心的，也是坚定不移的。"赵志国跟身边同事和贫困群众经常说道。

共产党员，永远在人民最需要的地方。

2016 年 7 月，赵志国怀着建设家乡、服务基层的初心，回到习家店镇李家湾村从事扶贫工作，立志要为改变家乡的落后面貌发挥自己的全部力量。

作为一名党员，作为国家电网的一分子就必须积极响应党的号召，投身到人民群众最需要的地方去。

李始均、李始兵、李始华三兄弟都是李家湾村建档立卡的贫困户。过去，他们三人都靠养牛维持生计，三家每家喂有一两头牛，但是各自为阵，都不成规模，年收入也非常微薄。"如何让三兄弟共同脱贫"成为赵志国心中的一道难题。

"李家湾村周边没有荒山，没有可以放牛的地方，一家建一个牛圈和草料间起码要 3 万元，三家就是 9 万元。"赵志国心里一直在嘀咕成本的问题。

在带领驻村扶贫工作队进行了多次专题研究，经历两个月的实地勘察和政策研究后，他建议三兄弟共用一个牛圈来实现规模化养殖，通过共享一个牛圈来发展养牛，这样既节约了投资成本又能实现共同脱贫，扩建牛圈和草料间提上议事日程。

工夫谁多谁少咋算？卖牛的钱咋分？面对三兄弟的担忧，赵志国和其他扶贫队员向他们建议，三家共建共用牛圈和草料间，各家分户发

图 2—26 国网公司将牛肉款送到李家兄弟手中

展属于自己的牛群，轮流参与经营养殖看管，这样既节省人力还节省近一半的投入。

三兄弟在听完赵志国的建议后，顿时豁然开朗，决定立马就干，2016年共享牛圈建成，一共才花了5万多元。

在建成共享牛圈后，赵志国积极向公司领导请示汇报，发挥电力行业自身优势，为材料切割机和牛圈照明设备进行电源接入和线路检修，为共享牛圈提供源源不断的电力供应。

顾虑没有了，三兄弟开始使用"共享牛圈"养牛。现在，养牛数由原来的7头发展为50多头。与此同时，赵志国还带领驻村工作队帮助三兄弟卖牛肉，拓展销售市场。

在赵志国等人的帮助下，李家三兄弟找准了适合自己的脱贫产业，拔掉了"穷根"，致富奔小康的道路越走越宽广。

驻村三年多，赵志国经常以红军万里长征精神来勉励自己、激励队友，不向贫困低头、不向困难屈服，以不脱贫决不罢休的坚定决心

图2—27 习家店供电职工对牛圈电源线路进行检查

和顽强毅力带领群众克难攻坚，积极投身到党和人民最需要的地方和工作中去。

第四节 下足"绣花"功夫

这，是一封充满为民情怀的公开信。

这，是一次发挥代表作用的重要部署。

这，更是一场攻坚拔寨、啃硬骨头的总动员！

湖北省人大常委会决定开展"聚力脱贫攻坚、五级代表在行动"活动，并于 2017 年 5 月 25 日在丹江口市召开现场会，号召全省 9.6 万名五级人大代表，积极投身到脱贫攻坚的一线，充分发挥代表作用，促推我省如期实现脱贫攻坚目标。丹江口市三官殿办事处阳西沟村，位于丹江口环库路一侧，办事处人大联络处第二代表小组活动室就设在村部。

活动室内，人大代表工作制度高挂墙上，意见建议分类交办档案等材料一字排开，里面记录着代表走贫访苦的足迹。"20 日，代表小组通过走访贫困户和接待选民，共收集了 32 条问题和意见，有想纳入低保的，有反映易地扶贫搬迁配套没到位的，还有提出完善基础设施建设的。"丹江口市人大代表、三官殿办事处代表小组组长陈安林翻开一本档案告诉记者，问题和意见已集中反馈至办事处的"代表之家"进行整理。"小组建立了 QQ 群和微信群，贫困户也加了进来，他们能随时随地联系上人大代表。"丹江口市人大代表、代表小组副组长黄丽波说。

走访、网络交流……陈安林认为代表和群众之间的关系更密切了，"人大代表就是党和国家与人民群众之间的一座'连心桥'。"

丹江口市 2017 年开展"聚力脱贫攻坚、五级代表在行动"活动以来，当年走访贫困户 2600 余户 13000 余人，收集各类问题和意见建议 948 条，以小组为单位开展的视察、调研等活动，就像一座座"连心桥"，让群众看到了脱贫的希望。

从三官殿办事处的"代表之家"和代表活动室，到丁家营镇的"代表之家"和代表活动室，近 200 名与会人员边走、边看、边听，时不时互相交流。大家关注的焦点是人大代表该如何做好"绣花"功夫和各项脱贫攻坚政策落实情况的监督工作。

"建设易地扶贫搬迁集中安置点时，我们邀请农民人大代表和人大代表中的专业人士，作为工程进度、质量、安全的监管员。在他们的监督下，一栋栋安置房顺利地盖起来。"恩施市白杨坪镇人大专职副主席黄泽兵告诉记者。

市人大常委会在组织各级人大代表做好"绣花"功夫的同时，还对已定政策进行落实监督，通过代表小组活动和参加常委会组织的视察、询问、工作评议等活动，对"绣花"功夫在精准扶贫工作中的落实情况，对已经出台的政策措施的落实情况，对是否存在"数字"脱贫、侵害群众利益的情况开展监督。

图 2—28　阳西沟村易地搬迁安置房

"工作条件、交通等保障必不可少","代表参与的考核机制要建立起来","建议分层交办督办反馈机制要畅通"……上午现场参观结束后,下午与会人员就如何深入开展活动进行交流发言和分组讨论。

湖北省人大常委会代工委主任余幼明表示,各级人大常委会代工委要全力以赴保障活动的顺利推进,抓实抓细各个环节的具体工作,转变工作作风确保工作实效。

孝感市人大常委会副主任彭桃安说,将借此次会议的"东风",对代表参与脱贫攻坚进行再动员、再部署、再深化、再完善、再提升,汇聚代表力量,作出代表贡献。

湖北省扶贫办原主任曹松透露,全省扶贫系统将制订工作方案、细化工作措施,全力以赴配合活动顺利开展,主动接受代表监督。

就这样,"户户走到"从丹江口出发,走向全省、全国,成为丹江口经验。

但愿苍生俱饱暖,求真务实有担当。

丹江口市脱贫攻坚,下足"绣花"功夫,聚力脱贫攻坚,让丹江口经验在湖北省各地开花。

第五节　多措并举扶真贫

因病致贫是山区贫困现象发生的重要因素之一

丹江口始终将健康扶贫抓在手上。落实"四位一体"模式(基本医保＋大病保险＋医疗救助＋补充保险),实行先诊疗后付费"一站式"集中结算,开展"三个一批"行动(大病集中救治一批、慢病签约服务管理一批、重病兜底保障一批),全市村级卫生室达标率100%,贫困对象参加城乡居民医疗保险实现100%。2019年1—7

图 2—29　健康扶贫专题会议

月，农村贫困人口住院 25427 人次，医疗总费用 12316.15 万元，基本医保报销 8298.84 万元，大病保险报销 658.71 万元，医疗救助 800.46 万元，医疗机构承担 198.25 万元，补充医疗保险报销 1413.16 万元，实际报销比例达到 92.31%。8—11 月，农村贫困人口住院 12578 人次，医疗总费用 5554.36 万元，其中政策范围内费用 4994.94 万元，基本医保报销 3656.41 万元，大病保险报销 296.49 万元，医疗救助 548.12 万元，医疗机构承担 103.90 万元，补充医疗保险报销 95.25 万元，政策范围内报销比例为 92%。

"我们将以身作则，不畏艰难险阻，全力以赴做好健康扶贫工作，坚决打赢脱贫攻坚战"。聚力脱贫攻坚，丹江口市健康扶贫工作者发出誓言。多年来，他们走入绿意盎然的春天，走过骄阳似火的夏日，走上硕果累累的秋天，走进寒风刺骨的冬天，健康扶贫路上，虽没有轰轰烈烈的大事迹，却有许多真实暖心的小故事。

◆ ◆ 故 事 一 ·······························

"健康扶贫"救了我的命

对于丹江口市浪河镇四道河村 28 岁的村民徐锋阳来说，2019 年的春节过得很欣慰。2019 年 2 月 11 日，他欣喜地告诉我们："'985 健康扶贫'救了我的命！"

2 月初，浪河卫生院健康扶贫工作人员到他家核对报销情况时，正赶上徐锋阳刚从武汉手术出院回家。身体虽然虚弱，但精神尚好，拉着工作人员的手，感动得说不出话来。徐锋阳介绍，他原在上海做汽配生意，2017 年 5 月发现有心衰症状，检查确诊为先天性心脏病，主动脉瓣畸形，徐锋阳

图 2—30　精准扶贫义诊活动送医下乡

在上海中心医院做心脏修复手术。

"2018 年下半年，我的腿和眼睛开始肿痛，到十堰医院复查，说是手术不成功，需重新手术。"徐锋阳介绍，春节前夕，又到武汉亚心医院做了心脏换瓣手术，住院和手术花费 8.8 万元，基本医疗和大病医疗救助核销后，从武汉出院回家时，医院退还了 3.8 万元。经过基本医疗报销、大病医疗救助、民政医疗救助、补充医疗保险"四位一体"健康扶贫报销，徐锋阳个人自付费用没有超过5000 元。

村党支部书记王平说："以前农民患了大病，要么全家致贫，要么放弃治疗。现在实行'985 健康扶贫'，从根本上解决了贫困户因病致贫、因病返贫问题。"

◆◆ **故事二** ··

健康扶贫免费义诊践行初心

2019 年 9 月 29 日上午，重阳节即将到来，丹江口市习家店中心卫生院结合"不忘初心、牢记使命"主题教育要求，召集全院党员及

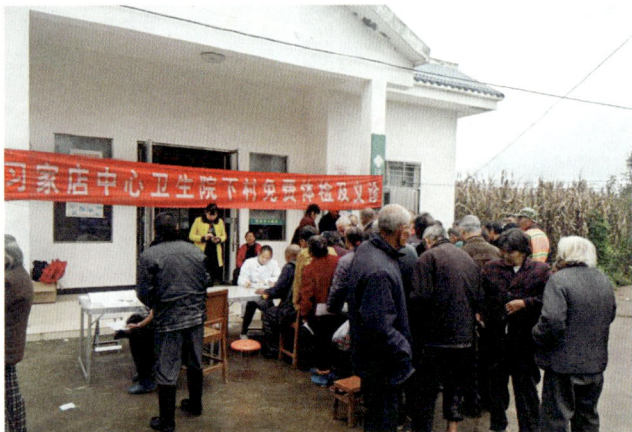

图 2—31　习家店卫生院健康扶贫下村义诊

公益科全体成员组成健康扶贫志愿服务队，来到镇中心福利院开展免费体检和健康义诊志愿服务，为福利院老人带来贴心的健康服务，以实际行动践行共产党员和医护人员的初心使命。

活动当天，该院20余名医护志愿者现场为老人们测量血压、血糖、血脂、血常规，检查B超、心电图及肝肾功能等，为全院130余名老人提供免费全面体检，来自该院外科、综合内科、中医康复科的5名专家现场坐诊，为老人们提供免费医疗咨询和诊断，并及时与福利院看护人员沟通，指导老人做好日常保健，及时科学就医。

福利院负责人表示，习家店卫生院组织这次免费体检和健康义诊活动，为老人们提供上门健康服务，不仅提高了老人们的健康意识，而且方便院里更进一步掌握老人们的身体状况，及时跟进相应护理措施，受到了老人们的一致好评。

◆◆ 故事三 ·······························

宁破鞋底不落一个贫困人

"领导，您得给我们健康扶贫工作队员每人报销一双鞋子。"盐池河卫生院朱万明一脸微笑着对院长说。

原来，卫生院健康扶贫工作队员在朱万明的带领下，在盐池河镇全面开展签约、体检、患病普查，队员们的鞋都磨破了。

盐池河镇位于大山深处，是武当山后花园，山高路险。有的上山路车辆到达不了，完全靠两条腿，走一个多小时才能抵达。有时走访的贫困户没在家，需要往返多次进山提供服务。为了贫困人口的健康，他们披星戴月，把鞋底

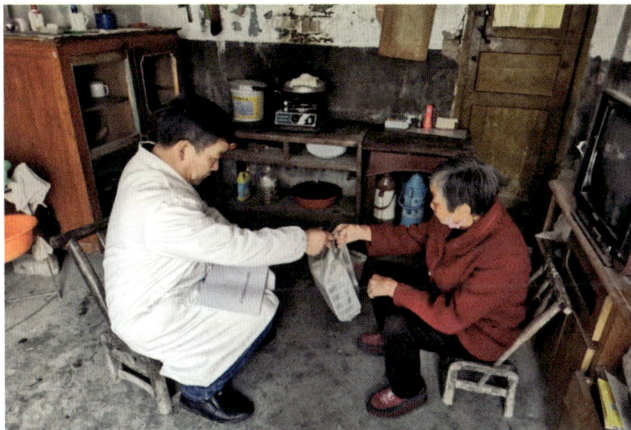

图 2—32 盐池河镇卫生院医务人员朱万明走村入户送药上门

都磨破了，看到病人按时服药，疾病得到控制，他们从心底里乐了。

在健康扶贫路上，类似的故事数不胜数，作为基层医务人员、一线战士，他们经历了太多的艰辛和磨炼。同时，他们也看到了更多的人间辛酸，更深地体会到了贫困给人民带来的痛苦。为了打赢这场扶贫攻坚战，他们下定了再苦再累也要撸起袖子加油干的决心！

让家家喝上干净的自来水

当我们听见"哗哗"的自来水声时，可曾想过工程建设的不易？

在丹江口市众多的致贫因素中，水是最大因素，"听水响，看水流，人在山上为水愁"，饮水难和饮水不安全成为影响脱贫攻坚的重要障碍和最大水利短板。

安全饮水是丹江口市九有工程之一。为完成好这项民生工程，近年来，丹江口市水利和湖泊局通过农村饮水安全巩固提升工程建设，让水质优良、水量充足、取用便捷的安全饮水工程散布在广袤的大地上，为全市 9.67 万建档立卡贫困群众送去了汩汩清泉。

　　扶贫供水工程，点多、面广、分散，存在施工难、施工协调难、水源选择难以及时间紧、任务重等问题。但水利系统干部职工，迎难而上，领导、党员带头，啃下了一个个硬骨头。

　　2017年6月11日至8月7日，丹江口市持续高温少雨，导致2.9万人存在不同程度的饮水困难。7月27日，骄阳似火，空气灼热，居住在龙山镇海拔300米以上的七里沟村、白蛇沟村162户797名贫困群众出现饮水困难，怎么办？

　　丹江口市劳动模范、丹江口市乡镇供水中心党支部书记（主任）赵启超，正值痛风病发作，左脚踝关节肿胀，连鞋子都穿不上，疼痛难忍，但他仍挂着棍子，在带领技术人员实地踏勘后，果断调整施工方案，采取三同步作业方法，即管槽开挖与管道安装同步、泵站设备安装与调试同步、工人与机械施工同步，施工设备一刻不停。他和10名队员白天冒着近42度的高温经过两个昼夜抢建，于7月28日上午8时30分建成运行两级泵站，使这两个村797名贫困群众喝上了甘甜之水！

　　七里沟村贫困户、80多岁的程登芝老人激动地流下眼泪，连夸道："还是共产党好啊，还是共产党好。"

　　在丹江口市习家店水厂，有一名最让人肃然起敬的党员。他没有豪言壮语，没有丰功伟绩，但却用实际行动告诉我们什么是奉献精神，用以身作则诠释着"一分耕耘一分收获"的道理。他就是带领全厂上下奋战在精准扶贫供水一线的习家店水厂厂长——李元明。2016年6月，习家店水厂承接

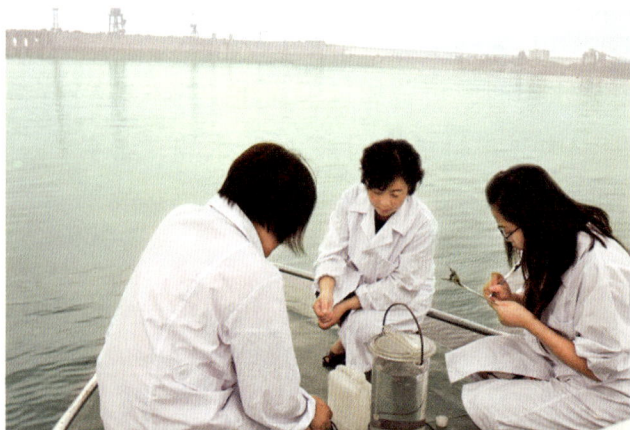

图2—33　环境监测站工作人员在库区监测水质

了精准扶贫供水建设任务，面对饮水主管线近 400 余公里，施工路线长、难度大、条件艰苦的现状，李元明时时刻刻以一个党员标准严格要求自己，确保老百姓在炎炎夏日喝上如清泉般的自来水，真切地感受到党和政府送来的丝丝清凉和真情关怀。

按照易地扶贫工作规划，习家店集镇建设安置点 2 个（习家庄、石门），安置 1044 户 3608 人。为了确保安置点贫困群众早日搬进新居，李元明克服工期紧、任务重的困难，带领习家店水厂全体员工采取"5+2、白＋黑、晴＋雨"的工作方式，将安置点当作主要办公地点，炎炎夏日铺设用水管网、数九寒天抢修冻坏设施，现场为搬迁入住户办理用水手续，提供便民服务。同时建成水处理净化供水规模为 5000 吨/日的 3 处、供水规模 200 吨/日的 17 处，同步建设泵站提水加压站 8 处，工程覆盖习家店镇、蒿坪镇、大沟林区三个镇区建档立卡贫困户 6686 户 22465 人，易地扶贫搬迁 10 户以上集中安置点 74 个 3502 户 11235 人，易地扶贫搬迁分散安置 278 户 1099 人，危房改造 1482 户 5237 人，这些户的安全饮水得到根本保证。

2018 年 7 月 12 日入伏以来，丹江口市气温居高不下，7 月 24 日气温高达 41.3 度，更是刷新了近年来的最高纪录。海拔 450 米以上的陈家湾村潘家垭、赵家梁子群众生活用水基本干涸。

接到"警"情后，李元明组织大家在该地安装加压泵站管道提水，经过 24 小时昼夜无眠、争分夺秒的抢建，快速建成了加压泵站管道，为潘家垭、赵家梁子两地 100 多人接通了生命之水。

供水人需要时刻奋斗在一线，李元明作为

图 2—34 赵启超（左一）在铺设饮水管道

图 2—35　新修建的习家店镇大柏河水厂

水厂厂长，长期在工地饮食、生活无规律，因此患上了胃病，但他却仍不退缩，始终当好一名供水带头人，用一言一行诠释着一位基层共产党员的炽热情怀，践行"全心全意为人民服务"的宗旨。

小小一滴水，窥见大民生。让村民们喝上干净的自来水，是头等大事。作为饮水项目办副主任的共产党员郑伟，用自己的实际行动为民解渴，造福百姓。

翻山越岭披荆斩棘寻水源。官山、浪河、盐池河、白杨坪、大沟的部分村组地处偏远，山大人稀，村民房屋分散，住址位置高，水源地都在深山和深沟里，寻找水源是一件苦差事。为了加快进度、节省时间，郑伟带领测量、设计、监理人员拿上行李，住乡镇少则 3 天，多则 7 天，家里上有老人、下有小孩，无法照顾，但是为了一个共同的目标，舍小家为大家，没有退却和怨言，一直坚持到工作任务完成。

时值 2016 年的盛夏，酷暑难耐。郑伟和水厂、水利站人员及村干部一道组成的水源寻找小分队，冒着烈日钻进深山老林，汗水浸透了他们的衣衫，手臂上也满是蚊虫叮咬的痕迹，树林里的湿气夹杂着人的汗水笼罩着整个身体，非常难受。许多水源地都没有进山的路，需要从树林里穿越，进山入

图 2—36 炎炎夏日中的习家店水厂供水施工现场

沟，翻山越岭，披荆斩棘，攀爬悬崖峭壁。村民、村干部随身带着镰刀、绳索、钩子，逢山开路，遇水架桥，大家在羊肠小道上艰难前行，山上荆棘很多，稍不注意就划破衣服划伤手；草丛中还不时有毒蜂飞舞，在头上盘旋，不知道哪个时候会被毒蜂蜇到。经常走着走着，就遇到了悬崖峭壁，没有可以前进的路了。遇到矮小的悬崖峭壁他们就抓住绳索、钩子攀爬而上；对没有路可绕的大悬崖只有翻越，由村民和村干部用事先准备的钩子绳索，你拉我拽，齐心协力，翻越悬崖。

"净水畅流润民心，饮水不愁助脱贫。把使命放在心上，把责任扛在肩上，引来这汩汩不息的惠民之水，流向乡村，泽润百姓，成为助力我市脱贫攻坚和乡村振兴源源不竭的动力。虽说有点苦、有点累，但是看到老百姓喝上水，

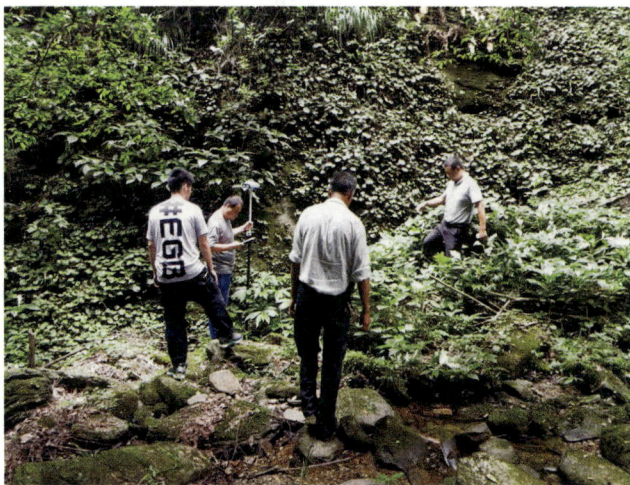

图 2—37 炎炎夏日寻找水源

成功脱贫，我就充满了成就感。"郑伟说。

黄龙村是浪河镇最偏远的一个村，素有"鸡鸣响三县（房县、谷城、均县），一脚踏三乡（浪河、五山、白杨坪）"之称，这个村533人存在饮水不安全问题。共产党员、浪河水利站站长王学洪积极响应，负责监管浪河镇饮水工程建设。黄龙村八篮沟脑水源，距水处理工程5公里，山大沟深，连一条羊肠小道都没有，怎么办？

2016年8月，正值三伏天气，施工单位采用骡马驮料"蚂蚁搬家"式办法，租赁盐池河镇草房沟骡子队运送建筑材料。当时一共有9匹骡子，连续搬运了1个多月，1匹骡子可以搬200公斤的材料，早上5点半上工，晚上7点多收工，一天只能搬运两趟。

其间，累死骡子1匹。"1匹骡子1万多，我的骡子呀。"骡子队老板心疼地号啕痛哭了一场，王学洪也黯然泪下。

由于组织到位，工程按时完成，成功解决了黄龙村533人（贫困人口50余户120多人）及清末庄园周边用水问题。

精准扶贫，水润民心。水，是丰收，是希望。

扶贫供水，激活了沉寂的山村，带动了黄龙村旅游业及养殖业发

图2—38 骡子队运送建筑材料

展。山花农庄老板肖总华说："以前我们从未吃过自来水，现在吃水有保障，高峰期每天有10多桌客人，不再为水发愁。"

因为有了水，贫困户杨永灿2018年开始发展养殖业，养了7只羊、3头猪、30多只鸡，纯利1.2万元，当年达到脱贫标准。

图 2—39 水利部专家调研浪河水厂

脱贫是一场攻坚战，更是一场决胜战。

截至2019年12月，全市累计完成投资3.8亿元，铺设各类主支供水管道3176公里，建设饮水工程194处，覆盖人口32万人，取得了显著的社会效益、经济效益和生态效益，也为全市脱贫摘帽提供了坚实保障。

教育扶贫，为理想插上翅膀

坚持扶贫先扶智，持续开展教育资助、技能提升、就业春风等行动，努力提高贫困人口素质和就业率。全市开展精准扶贫工作以来，丹江口市建设了30所贫困村小学附属幼儿园，总投资2756万元。2019年教育资助53665人4181.93575万元，实现了从幼儿园到大学阶段的贫困生资助全覆盖。2019年完成贫困劳动力技能培训1448人，其中驾驶专业培训1074人。组织劳务输出。采取集中和分散相结合的招聘方式，全方位开展以"稳定城乡就业、促进返乡创业、助力脱贫攻坚"为主题的系列招聘活动，2019年以来举办现场招聘会15场次，进场企业达230家，提供

图 2—40 装修一新的幼儿园

岗位共 10079 个，进场求职的人数达 14290 余人次，达成就业意向 1233 人。

蔡兴然，1999 年初中毕业，家住习家店镇行陡坡村四组，是丹江口市内安移民，同时也是村里的精准扶贫建档立卡户。

如今，蔡兴然和妹妹合伙创办了金之麦上品鸡排店，有了稳定的收入，家里也因此实现了脱贫。每每说起来，蔡兴然都会感谢创业培训使她掌握了一技之长，开启了她的创业之路。

蔡兴然如今干练、漂亮、青春，一袭黑色职业装。她和妹妹合伙在镇政府旁边开的金之麦上品鸡排店，打出的广告语颇有几分气势：舌尖上的诱惑，颠覆你的口舌。每天吸引不少青少年消费者。

这样的美好生活在之前可是她难以想象的。由于家庭困难，为了让妹妹接着读书，作为长女的蔡兴然初中毕业后，怀揣梦想只身来到江城武汉打工，先是在一家制衣厂学习剪裁衣服，后又在一家酒店做了两年服务员。这期间，她遇到一位同样从事餐饮工作的江西小伙子，他们在工作中互相了解、互相欣赏，最终走到了一起，2014 年男友随她回家，做了上门女婿。

　　蔡兴然没再出去打工，她说婚后双方共有 4 个老人要赡养，不能远离。家里靠柑橘每年有部分收入，她打工的时候，每年在柑橘成熟季节都要赶回来帮家里采摘橘子。1997 年 9 月的一天，天刚亮，父亲到自家柑橘园采摘柑橘，半路上不小心，从一座小桥上摔下去，造成腿部残疾。母亲患有梅尼埃病，属世界疑难杂症之一，病发时头眩晕难忍，先后在丹江口、十堰、武汉等地的医院治疗，均无明显疗效。

　　蔡兴然自豪地说："老公做鱼在行，现在武汉一家宾馆专门做鱼，待遇不错，他在 2017 年 4 月还参加了汉江科技学校举办的汉水风情中式烹饪培训班。"同年 8 月，蔡兴然也参加了汉江科技学校举办的创业培训班。

　　参加创业培训班之后，蔡兴然萌发了自己创业的想法。她在丹江口市城区、十堰市城区等地做了有关行业的考察、分析。2017 年 11 月，她通过向亲朋好友借款、银行贷款一共筹资 7 万元，在镇政府旁边租下面积只有 20 平方米的门面，和妹妹合伙创办了金之麦上品鸡

图 2—41　形式多样的技能培训

图 2—42　深受欢迎的中式厨艺培训

排店，市场定位为青少年。门面虽不大，但设计装修别致，姐妹俩服务周到，深受顾客青睐。

蔡兴然迈出了创业人生坚实的第一步。她信心满满地说，人只要有梦想、有奋斗，就会有希望。

狠抓金融扶贫

金融活，经济活。自 2016 年开始启动金融扶贫工作以来，丹江口市先后投入财政资金 5220 万元，建立扶贫小额信用贷款风险担保基金，为每一户贫困户量身打造脱贫方案，做到应贷尽贷，源源不断地注入金融活水，在脱贫奔小康路上演绎着一个又一个"金融故事"。

◆◆故 事 一 ....

感恩的心

均县镇蔡方沟村贫困户蔡光美家四周，是一派欣欣向荣的景象：散养着 1500 只土鸡，80 只圈养珍珠鸡；40 亩郁郁葱葱的橘园，50 亩金黄的南瓜。但谁都难以想象，他家三年前曾是穷得揭不开锅的贫困户。

三年前，蔡光美家仅靠自家的几亩橘园及平时下河捕鱼养家糊口。家里有年迈父母、岳父岳母及两个小孩，抚养照顾需要经济来源，但收入单薄而不稳定，贫穷是必然的。

2016 年，夫妻俩商量着出远门打工，可是，年岁已高的父母和年幼的孩子都需要人照顾，这个问题很纠结。当地农商行在进村入户建档过程中了解到这一情况，考虑到他身体健

图 2—43　农商行工作人员深入基层走村入户服务贫困户

康，可以发展养殖业，于是鼓励他在家门口创业。2017 年 6 月，蔡光美的贷款申请很快批复，10 万元扶贫贴息贷款助他开启了脱贫致富路。

资金有了，项目有了，扶贫的政策也有了。这一项项的优惠政策，激励着年轻的小两口起早贪黑，越干越有劲！蔡光美告诉我们，他现在一年可以有 15 万元左右的纯收入。

◆◆ 故事二

人见人夸的王书记

"2019 年我的养殖规模比 2018 年翻了一番，现在我对养殖充满了信心，以后还想再继续扩大规模。这多亏了王书记呀！"家住丹江口市习家店镇老君殿村的老尉高兴地说。

王书记即王文会，他是丹江口农商银行驻习家店镇老君殿村脱贫攻坚精准扶贫第一书记，已在精准扶贫一线兢兢业业工作了四年。

老尉原先在浙江打工，为照顾家中年迈的父母和年幼的小孩，2016 年，他返回家乡，但经济压力大，生活过得捉襟见肘，还有几

图 2—44　老君殿村老尉的羊群

万元的外债。

为了鼓励老尉发展产业，尽早脱贫，王文会积极帮助老尉填写申请扶贫贷款相关资料，使他顺利地申请到扶贫小额贷款 5 万元，购买了 50 只羊，干起了养殖。

一开始，老尉遇到了很多困难，没有养殖经验，王文会帮助他上网查阅资料、请教专业人士，给他提供了大量的技术支持。

如今的老尉已经发展成为养有 18 头牛、70 只羊的专业养殖户，牛棚换成牛舍，羊圈建起羊舍，家里的土坯房也变成了小洋楼。

为了做好扶贫工作，精准扶贫第一书记王文会伏案耕耘，流下滴滴汗水，当地人看在眼里、夸在心里。他不仅代表着他自己，更代表着一批批谱写金融扶贫凯歌的金融人……

◆◆ 故事三

养牛，探出脱贫路

最近，官山镇杉树湾村的周良发被老乡刮目相看、连连称好。当地人都知道老周是有名的贫困户，能脱贫致富，多亏了官山农商银行发放的扶贫贷款。

当地农商行在精准扶贫走访中了解到，杉树湾村五组的周良发家中十分困难，年久失修的老房屋摇摇欲坠，家中唯一的财产也就是两头牛。为了帮助周良发脱贫，该农商银行上门为老周详细讲解扶贫贷款政策，一次性为其贷款 5 万元。

一年后，老周不仅还清了贷款，还翻新了老房屋，多养了上十头牛，并第一次在农商银行有了存款。

"牛市场行情一直比较稳定，我也不用愁销路。"周良发说。通过贷

图 2—45　十堰农商行深入官山镇铁炉村调研产业发展情况

款资金养牛、售牛，积累了经验，对市场熟悉，更不用担心销路。

周良发说，他家能够彻底摆脱贫困，农商行起了很大作用，不仅在精神上给予他很大的鼓励，还在政策和资金上给予了很大的帮助，扶贫贷款的政府全额贴息让他更加放心安心地走上致富之路。

截至 2019 年 11 月末，全市产业扶贫贷款余额 7.49 亿元，项目扶贫贷款余额 38.11 亿元，共为 8500 户贫困户发放扶贫小额信贷 5.1 亿元，贷款户数占有生产能力的贫困户比重为 33%。这一组组数据，凝聚着丹江口市金融部门的心血和汗水，更是丹江口市委、市政府及社会各职能部门扶贫"多家抬"、打好"组合拳"的政策效果显现。

健全关爱机制

丹江口市印发了《市人民政府办公室关于印发丹江口市农村"三留守"人员关爱工作联席会议制度的通知》，进一步明确了各部门在农村"三留守"关爱工作中的职责。全市"双结双促"系统登录在册留守儿童共有 808 人，实现了结对帮扶全覆盖。为 889 名留守妇女（其

图 2—46　市妇联在丁家营镇小学安幼之家开展关爱留守儿童——彩虹行动

中贫困户留守妇女 560 人）健全工作台账，重点在技能培训、两癌筛查、家庭教育、关爱救助等方面落实具体帮扶措施，实现了关爱帮扶全覆盖。全市现有留守老人 1761 人（其中贫困户留守老人 1154 人），明确了关爱联系人 711 人，及时开展关爱活动。

　　"我的心愿是拥有一件漂亮的裙子"，"我的心愿是拥有一双帅气的运动鞋"。2019 年六一儿童节前夕，思源学校的 10 名留守儿童在心愿卡上写下了他们的微心愿。

　　为实现孩子们的微心愿，5 月 31 日上午，根据均州老街社区 2019 年社区大党委共驻共建计划安排，市税务局机关三个支部的 7 名党员志愿者携手文联、武当杂志社、市检察院、市生态环境局丹江口分局的志愿者们，在思源学校联合开展"心系困难儿童　点亮微心愿"活动。活动中，税务局的党员志愿者们为 2 名结对帮扶的孩子送上了精心挑选的新裙子和新球鞋，并祝福孩子们儿童节快乐。拿着小礼物的孩子们脸上露出了甜蜜的笑容，连声说着"谢谢叔叔阿姨"，并朝着税务局的党员志愿者们敬起少先队员礼。

"作为均州老街社区大党委的成员单位之一，近年来，我们同兄弟单位的志愿者们坚持每年开展志愿服务活动，活动虽小，但很有意义，看着孩子们脸上纯真的笑容，我觉得胸前的党徽和肩上的税徽格外闪亮，志愿服务我们将一直进行下去。"刚为孩子们送上礼物的税务局机关二支部书记高勇激动地说道。

孩子是祖国的未来和希望，播下爱心的种子，收获爱的希望；播下税法的种子，收获尊崇税法的希望。在实现了孩子们的微心愿后，税务局的党员志愿者们来到思源学校七（六）班为孩子们讲起税法小知识。从介绍"税"字的由来，到税徽、税服的认识，再到税法的概念、税收的功能，等等，青年税务工作者张文锦结合生动有趣的讲义，用浅显易懂的语言为孩子们普及着税法常识。孩子们听得特别专心，拿着笔认真地记录着。讲课中还穿插着税法知识有奖问答的游戏环节，孩子们纷纷举起小手，自信地回答着每一个问题，现场气氛非常活跃。

"我将自觉遵守税法，依法诚信纳税，并告诉身边的亲人和朋友不能偷税漏税，做守法公民。"在税法小课堂结束后，一名小男孩大

图 2—47　税务局的叔叔阿姨给孩子们讲解税务知识

声地说道。

志愿者们用爱心点亮孩子们的微心愿，希望孩子们在爱与教育中拥抱更加美好的未来，祝福孩子们。

建设扶贫车间

随着城镇化进程的加快和经济的发展，很多农村人选择外出打工，外出打工增加了农民的收入，但也带来了留守儿童、空巢老人、农村空心化等诸多问题，有没有一种办法让农民不离土不离乡在家门口就能实现就业呢？

丹江口市坚持把"扶贫车间"建在乡村，扶贫作坊进入农户，以此促进贫困群众脱贫致富，为打赢打好脱贫攻坚战奠定基础。

工厂开到家门口，农村再也不"空巢"。

在丹江口的丁家营镇，一个扶贫车间办起来了。

王兴举 11 岁，这个夏天是他过得最快乐的一个暑假，因为有了妈妈的陪伴，而以前都是爷爷奶奶陪他过的。王兴举的妈妈王友波在他 1 岁的时候就去广州打工。后来，家乡办起了湖北省丹江口市鑫德服饰有限公司，在外打工和在家打工收入差不多，因此，王友波就决定留在家乡。

在鑫德服饰公司，像王友波这样为了照顾孩子返乡务工的人还有很多。每到周末或是寒暑假，工人们还可以将孩子带到公司。公司的办公区特意布置了一个"安幼之家"，这里不仅有电视、玩具和各种课外书籍，还有整个厂区里唯一的空调。与这些物质条件相比，最让小朋友们开心的就是，随时能够见到自己的父母。不仅如此，每天中午孩子们还可以跟父母一起享受工厂提供的免费午餐，这些福利措施都是鑫德服饰公司的负责人杨德军想出来的。

48 岁的杨德军已经做了将近 30 年的服装加工，2014 年，杨德军把在广州新塘的牛仔裤加工厂转交给亲戚经营，自己回到家乡丁家营镇办厂，让家乡的老百姓不必跑到外地打工，可以留在家乡赚钱。

短短 4 年时间，杨德军的员工从原来的十几个人到现在的 160 人左右，其中有一半是贫困户。

2018 年一年杨德军做到了 1700 万元的产值。他做的全部都是外贸单，产品远销澳大利亚、新西兰等发达国家。从一开始杨德军就明白，在竞争十分激烈的服装行业，想要把订单抢到手，除了过硬的质量，还要靠价格。杨德军说，他有两个成本上的优势，第一个是他们的员工工资比沿海地区低 1/3，第二个是房租比广东的便宜，因此他有了很大的优势，可以竞争到更多的订单。

杨德军的成本能降下来，离不开当地政府对扶贫车间的优惠政策。他现在使用的标准化厂房就是由政府提供的，机器设备到位后就能立即投入生产，还能免 3 年租金。这些对于杨德军来说，不仅节省了资金还提升了效率。

为了促进扶贫车间的发展，当地政府还面向贫困群众组织职业技能培训。据不完全统计，2019 年丹江口市就举行了 300 多场技术培训。

衣服的剪线头是保证质量的关键程序。在杨德军的厂房内，只有两名剪线头的工人，毫无疑问，与动辄上万件的产量相比，两个人根本是不够的，杨德军直接把剪线头的环节搬进了村民家里，剪线头的工序 90% 都交给了农户。每天，厂里派人把需要剪线头的衣服送到村民家里，线头剪干净了再收回来。

64 岁的贫困户周宗莲是第一个帮杨德军剪线头的，这一剪就是 4 年，每个月至少有几百元的收入，工作量大的时候一个月能赚 1000 多元。在家里剪线头的村民跟工厂里的员工一样，拿计件工资，只不过可以不用去工厂上班。因此，在家里剪线头的大多是上了年纪的老人或者不方便外出打工的人。

31 岁的柯莹就是其中之一，她家是建档立卡贫困户。柯莹家里有体弱多病的公公婆婆，还要照顾两个女儿，根本没办法外出打工。2019 年 7 月，她靠剪线头赚了 900 多元。柯莹的丈夫祝涛也是杨德军的员工，负责熨烫工作。在此之前，他在上海做建筑工，一天挣不到 100 元。现在，祝涛每熨一条裤子挣 2 毛钱，如果一天熨 600 件就挣 120 元。祝涛给自己定下了一个目标，每天都要挣 120 元钱，所以尽管守着蒸汽熨斗一件件熨衣服是一件非常消耗体力的事情，祝涛也干得非常起劲。同样有钱赚，他当然不愿意再出门打工了。柯莹的心愿跟丈夫很相似，她不希望祝涛再外出打工，她希望孩子们好好学习，她相信他们的日子会越来越好。

党的十九大报告提出了以"产业兴旺、生态宜居、乡风文明、治理有效、生活富裕"为总要求的"乡村振兴"战略。乡村要振兴，产业兴旺是基础。而如何破解人口老龄化、妇孺化、空心化，是农村实现产业兴旺的一个难题。

现在，丹江口流传着一句话，叫作"车间开在家门口，勤劳致富靠双手"。实现家门口就业是许多农村产业发展的愿景，而做好这一点却并不简单。"扶贫车间"虽小，里面的学问却很大，首先，要找准与当地劳动力、经济发展水平相适应的产业；其次，政策配套要跟上，丹江口市为了推动"扶贫车间"的发展，提供了场地、贷款、培训等诸多扶持措施。

鑫德服饰有限公司"扶贫车间"只是其中一个典型，目前，丹江口市这样的新建或改建"扶贫车间"有 292 个，带动贫困劳动力就业 9477 人，人均年增收 2 万元以上。

图 2—48 丹江口市鑫德服饰有限公司生产车间

刘芳家住蒿坪镇寺沟村，这是个地地道道的山区村，高山叠嶂，在山的一侧山脚下有着五六个大小不一的村庄，大部分田地是贫瘠的黄土岗子，两条狭长河流

图 2—49 刘芳居住的蒿坪集镇易地搬迁集中安置点

地段有着百十来亩水田，村民大部分世代住着土坯房屋，仅有的两条水泥路只通到村口。

刘芳家离通村路口还有 2 公里路程，平时她和家人赶集都得步行过去，才能坐上通村的客车，距集镇大约 10 公里。

说起刘芳家的老房子，可以用"破烂不堪"这个词来形容，拳头大的裂缝贯穿大半面土质山墙，时刻有倾覆的危险，遇上恶劣天气，住在里面更是担惊受怕。

刘芳家有 3 亩多坡地，主要种植小麦和小杂粮。由于农作物产量低，价格不高，靠种粮食增加收入几乎不可能。

刘芳家的主要经济来源是靠丈夫张兴贵外出务工，每年大概有五六千元的收入。

脱贫攻坚易地扶贫搬迁工程展开后，蒿坪镇易地搬迁工程先后安置贫困户 800 多户，寺沟村刘芳就是其中之一。

她的新家在集镇安置点上。这里的房子都是像县城里开发的小商品房一样，有三层的和四层的，住房面积根据家庭人口按比例分配，大小不一，刘芳家 4 口人分得 100 平方米房屋。

整个集镇安置点的小区环境远远超过一般的商业住宅小区，三个小广场都离家门口不远，健身器材均匀摆放，几个公厕合理布局，小

图 2—50　安置点里的服装加工车间

区正中间有条人工河，营造出一种人在故乡的感觉。

"做梦都想不到，我家也能住进这房子，能享受城里人的生活。"望着新区新房，刘芳眼里浸着激动的泪花。

自搬到集镇安置点后，服装加工厂、电子元件厂等陆续开办起来。43 岁的刘芳现在集镇电子车间里上班，每月有 2000 元左右的收入，老公在附近草莓基地和辣椒基地上打短工。比原来在外务工劳动力强度下降了不说，主要是一家子能够在一起，现在日子过得很充实。

除此之外，村里的合作社年底还有分红。合作社利润的 30% 将用于流动资金和管理资金，10% 用于公众事业，60% 根据入股分红标准分配给贫困户。

2019 年，刘芳家按合作社入股分红标准已经领到 1000 元的分红，连续可以领取 4 年，小日子过得红红火火。

"审大小而图之，酌缓急而布之；连上下而通之，衡内外而施之。"扶贫攻坚事业是一项复杂的系统工程，需要讲究系统论、用好辩证法，统筹兼顾、弹好钢琴。其中至为关键的，就是树立科学的扶贫观。丹江口市委、市政府带领群众选择改革创新之路脱贫致富，以"扶贫"促"发展"，实现双赢。

第六节 扶"干"不扶"看"

丹江口市从激发内生动力入手，坚持扶贫先扶志，引导群众既要"富口袋"更要"富脑袋"。

打开丹江口水都网，红色的"来自脱贫攻坚一线的报道"宣传专栏分外醒目，内设庄严承诺篇、典型引路篇、生动实践篇等3个篇章，先后编发扶贫工作先进事迹报道近百篇，并同步通过其他新闻媒体、微信公众号和驻村干部QQ群、党员红微群扩大宣传覆盖，为全市党员干部树起了身边的学习标杆。

2018年3月，丹江口市电视台两轮转播全国首部脱贫攻坚电视

图 2—51　丹江口水都网精准扶贫专题报道

剧《索玛花开》，市委组织和宣传部门联合发文，发动全市党员干部收听收看并展开讨论，努力在全市营造弘扬先进、合力攻坚、不胜不休的强大气场。

2018年11月，由丹江口市扶贫干部自编自演的精准扶贫网络电影《艾叶青青》首映，讲述了一个扶贫干部激发贫困农民脱贫致富内生动力的故事，这也是丹江口市拍摄的第三部精准扶贫题材微电影。前两部微电影《圆梦龙山》和《丹萍的梦想》，分别荣获"湖北省第二届电影周"最佳短片奖和"中国水都全国微电影大赛"优秀影片奖，传递了精准扶贫的正能量，激发了贫困农民脱贫致富内生动力和扶贫干部在扶贫一线的干事创业热情。

2019年元月，"我的扶贫日记"征文比赛和"我的扶贫故事"演讲比赛落下帷幕，《丹江口市扶贫记事·我的扶贫日记获奖作品集》正式首发，共收录广大驻村干部的100篇优秀作品，用一篇篇感人至深的扶贫真话，把"智志双扶、励志脱贫、我要脱贫"的理念和精神传到千家万户。

为做足精神扶贫和文化扶贫文章，该市文化馆发挥部门优势，将包保联系的凉水河镇江口村作为文艺创作基地，刘国钧夫妻工作队与驻村队员许舞创作了一批扶贫歌曲和扶贫小品，其中精准扶贫民谣日记原创专辑《说说咱村那些事儿》和曲目《老胡的日子》成功入选第三届湖北艺术节。市商务局驻盐池河镇黄草坡村包户干部陈康乐创作的"扶贫手绘"书画作品，以独特的方法宣传推介扶贫工作，发出了丹江口驻村帮扶工作"好声音"，不断激发广大党员干部决胜脱贫的昂扬斗志。

◆ ◆ 故 事 一 ·······

不当贫困户的"倔老头"

张显奇，家住石鼓镇九龙桥村八组，现年63岁，1982年7月入党，是一名拥有 35 年党龄的老党员。家里五口人，儿媳在家照顾小孙女，儿子在外打些零工贴补家用，妻子一身疾病，常年住院吃药，家里负担较重。

2015 年，九龙桥村召开由村组干部、党员、群众代表参加的贫困户评议会。考虑到张显奇家情况，村干部提议将他纳入贫困户，而现场干部、党员、群众代表也全部同意。

张显奇一听就急眼了："我一个 30 多年党龄的老党员了，年轻的时候没给党添麻烦，老了也不能给党拖后腿。我是一名党员，我不当贫困户。"

"真是个倔老头。"邻居们背后笑道。

张显奇不当贫困户的这件事让妻子埋怨不已，儿子儿媳也纷纷表示不解，但是张显奇对他们说："我是一名党员，我不当贫困户，还有那些比我们条件更差的人，我应该把机会让给他们，虽然我们的条件不好，但是我们有手有脚，只要勤劳，肯吃苦，现在党的政策那么好，我不信我们不能靠自己活出人样来！"

张显奇不当贫困户这事，引发了邻里群众褒贬不一的评价，有人说他觉悟高，也有人说他"倔"。

自己挣扎在贫困线上，却不愿占国家的便宜，几十年如一日地勤劳、节俭、和睦乡邻。

每当村里乡邻拿他开玩笑时，张显奇总是淡然一笑，他心里知道：不当贫困户，心里踏实。

◆◆ **故 事 二** ··

由"输血"到"造血"的转变

群众富不富，产业发展是出路。

马亮复原退伍后开始在村任职，从民兵连长到村党支部书记，十

图2—52　村民们采摘好石榴准备装车

多年的村干部经历让他深知抓基础、兴产业、助力发展是带领群众致富的必经之路。

他带领村民，拓宽增收渠道，实现了村民们由"输血"到"造血"的转变。

针对地处城郊的地域特点，马亮引导村民在房前屋后种植石榴、桃树等小杂果一万多株，发展庭院经济。同时，倡导村民进行柑橘品改，发展多元化的小杂果采摘园，着力提升特色农产品的经济效益。把产业结构调整和发展特色农业作为拓宽群众增收致富渠道和扶贫开发的重点和靶心，用"特色产业＋电商销售＋致富带头人"的模式，加强村民之间的凝聚力，让全村一起富起来。

计家沟村五组村民王顺心说："现在村里面路都修好了，观光亭修在我橘园里面，我依托橘园和村里美丽的风景开了一家农家乐，给乡亲们提供一些干活的岗位，同时把乡亲们的优质农副产品卖出去，带领大家共同致富。"

计家沟村七组贫困户王林就是村里的致富带头人之一，之前王林一直在东莞打工，因父母身体不好，他一家被纳入建档立卡贫困户。返乡后的他开始试水电商，又报名参加了精准扶贫免费厨师培训，申请了小额贴息贷款，走上了"电商＋农家乐"的致富路。

在带动群众开展产业规划和发展的同时，马亮重点围绕水、电、路、房等基础设施和改善教育、环境卫生等目标任务，积极开展植树、种花和环境卫生综合整治，探索建设环境整治、农村保洁长效机制。

如今，人居环境改善了，村庄美了，游客多了，贫困户们的增收渠道更广了。

◆◆故事三

靠双手创造"甜蜜"事业

之前的谢来丰家，可以用一个"惨"字来形容。

谢来丰老父亲罹患长期慢性病，老母亲、媳妇及共同居住的哥哥都是残疾人，还有两个幼儿嗷嗷待哺，一家七口人的生计都压在了谢来丰的身上。

2014年，谢来丰家被纳入建档立卡贫困户。

是"等、靠、要"，还是怎么办？"我想用自己的双手让全家人都过上好日子！"生活的艰辛不但没有压垮谢来丰的斗志，反而让他浑身充满了劲头。

"养蜂是个不错的选择！洪家沟村是个有山有水的好地方，绿植丰富、野花遍野，完全具备养蜂的条件。"2015年春节刚过，在得知谢来丰决心发展一项产业后，该户的扶贫干部程培强积极出

图 2—53 贫困户养蜂采蜜

谋献策，鼓励他放开手脚，大胆尝试养蜂。

说干就干！谢来丰采纳了扶贫干部程培强的建议，载着脱贫致富的希望走上了养蜂之路。不懂养蜂技术？技术是学出来的！这个农村青年为了快速掌握养殖技术，在手机上查阅养蜂网页，在电视上死盯养蜂栏目，农忙之余，骑上摩托车在本村及邻村的养蜂场里拜师学艺……"为了学会养蜂技术，能想到的招儿，我全使出去了！嘿嘿。"谢来丰笑着介绍道。

最初引进了30箱蜜蜂，尝试采用现代先进的活框活格养蜂法，这种养殖方法在不改变蜜蜂采回来的蜂蜜质量的前提下，可以大大提高蜂蜜产量。

功夫不负有心人！很快，谢来丰的第一批蜂蜜收割并销售了出去，日夜辛劳的付出，终于收获了甜蜜的回报。

尝到了养蜂的甜头，谢来丰决定扩大养殖规模，从最初的几十箱扩大到100余箱，而养殖技术也日臻成熟，新割的蜂蜜一上市，立即被抢购一空。

"我家的蜂蜜均为自然成熟蜂蜜，取蜜采用离心分离原理，不经过高温，过滤后直接罐装，不再做任何加工处理，保证了蜂蜜的天然性。但是，我知道，'酒香也怕巷子深'，为了把好蜂蜜推广出去，必须得扩大营销路子才行！"2018年，谢来丰先后参加了丹江口市旅游扶贫培训班与十堰市电商人才培训班。目前，他正筹划采取线上线下相结合的方式销售自家的蜂蜜，拓宽淘宝、微信朋友圈等营销渠道，依托亲朋好友、老顾客的推介，充分利用微信群、朋友圈、抖音平台等电商载体的优势，扩大产品的宣传和销售。

"好日子是干出来的！我自己经管蜂箱，我爹和我哥管护好家里的15亩橘园，我媳妇又饲养了150余只鸡鸭鹅，我们家的小日子眼瞧着一天天好起来啦！"2016年，在谢来丰及家人的共同努力下，这个贫困的家庭终于摘掉了"穷帽子"，人均收入高达15038元，走上了致富的康庄大道。

◆◆ **故事四**

要用自己的双手去创造生活

张强一家住在蒿坪村铁耙沟，全家六口人，父亲张长乐 71 岁，体质很差，经常感冒发烧，并且还患有肾结石、风湿等疾病，住院吃药是常事，母亲患有食道癌，每次住院化疗费用都是一笔不小的数额，妻子冯天燕还要拉扯两个幼小的孩子，没有收入来源，家庭收入一直在贫困线以下。

2014 年，在国家多项扶贫政策的落实和指引下，在村两委干部和驻村工作队的帮助下，张强自力更生当起了"羊倌"，规模由最初的 17 只羊慢慢发展到 150 只羊，成了村里脱贫路上第一个"发羊财"的脱贫致富带头人，年收入达到 10 多万元。

"刚开始养羊没有经验，经常生病不说，还没有销售渠道，辛苦一年下来还亏了不少钱。"村里扶贫工作队了解到张强的难处，主动帮他报名参加镇内组织的养殖技术培训会，并邀请蒿坪镇畜牧兽医服务中心技术人员上门为羊群接种疫苗，传授养殖技巧。

现在张强的羊群不仅比以前扩大了好几倍，同时，因为山场放养，肉质鲜嫩，羊肉远销襄阳、恩施等地。

脱贫致富后的张强，在铁耙沟渐渐成了村民眼里脱贫致富的"榜样"。在他的带动示范下，村里人利用山场资源也开始搞起了养殖业，生活水平有了极大提高。

刘枝华也曾是铁耙

图 2—54 如今的养羊大户张强

沟的建档立卡贫困户，如今是村里的养鸭大户，目前存栏 300 多只。刘枝华说："铁耙沟人少空间大，很适合养鸭，现在我每天都可以捡到一两百只鸭蛋，按一只 1.5 元来算，每天卖鸭蛋收益就将近 300 元，比种地挣得多多啦。"

像张强、刘枝华这样的养殖大户，当地还有很多，他们利用周边山场资源，靠养殖顺利脱贫摘帽。现在，蒿坪村贫困户在养羊户张强的示范带动下，在政府政策的支持下，脱贫致富奔小康的信心也越来越足。

第七节　抓党建促脱贫

"请花园村支部书记及村两委成员上台领奖！" 2018 年 7 月 9 日上午，在丹江口市丁家营镇 2018 年 6 月党建促脱贫月述月评表彰兑现会上，花园村书记杨生宝从镇党委书记鲁刚手里接过上月月评第一名的流动红旗，村两委 5 人每人喜获 500 元奖励。

9 日 7 时，丁家营镇领导班子、各村书记、精准扶贫驻村第一书记早早在镇政府集合，随后前往各个村参观检查：花园村的服装加工扶贫车间，丁家营村、殷河村的食用菌基地，二道河村的花盆制作车间，饶祖铺村的好人榜……村村"晒"成绩，组组讲经验，各具特色，亮点频现。

现场会结束后，6 月份月述月评大会开始。会议根据考评结果，对 7 个村和 2 个居委会进行排名，给 6 月份考评第一的花园村颁发了流动红旗，并给花园村在职村两委干部现场颁奖。据介绍，就在上个月，花园村还是月评倒数第一，但却在一个月的时间里成功"逆转"。此次拿到倒数的村子，驻村镇领导、村书记和驻村第一书记则上台作自查发言。

图 2—55 勇夺第一后的合影

这是丹江口市抓党建促脱贫攻坚工作，实行"月月评"的场景之一。

市扶贫攻坚指挥部成立了 20 人的综合督查考评专班，专职专责对脱贫攻坚工作开展检查考评，强力推进扶贫领域腐败和作风问题专项治理、明察暗访、监督执纪问责等工作，有力地推动了各项工作和政策措施落实落地。市委办印发《关于实行督查考核计划管理切实减轻基层负担的通知》，对全市性重大督查检查活动进行统筹，能集中开展的尽量集中开展，减少督查频次，减轻基层负担。

对脱贫攻坚工作实行月清月结。月初下发任务清单，月底进行考核，并让村书记上台述职，以一月一结账的形式，明确任务、传导压力、压实责任，确保了村书记谋有目标、干有方向，增强了村书记主动抓工作的责任感。同时通过每月的考核，及时发现存在的问题和不足，在公开述职中相互比较、学习借鉴，有效杜绝了工作拖沓、应付现象。乡镇普遍反映，各项工作任务在村一级落实变得更加有力。

对脱贫攻坚工作实行奖先惩后。对脱贫攻坚工作开展情况进行述职，对排名前列的村书记现场表彰，排名靠后的村书记、乡镇驻点领导、市直工作团副团长现场通报并责令表态，传导了压力，形成了比学赶超的良好氛围。

图 2—56　村支部书记抓党建工作述职评议

对脱贫攻坚工作实行三方同责。充分运用考核述职结果，实行村书记、镇驻点领导、驻村工作团副团长和第一书记同责，压实三方抓党建促脱贫的共同责任，形成了工作合力。

盐池河镇三岔河村在 2018 年 2 月考核中排名倒数，镇驻点干部钱高伟、驻村第一书记赵胜华会同村组干部迅速召开整改会，明确分工。

经过一个月共同努力，工作有了很大改观，3 月综合考核在全镇 12 个村排名第三。

这样，责任进一步压实了，乡镇领导班子、村两委班子和驻村工作团之间，形成了工作合力，推进了工作开展。

第 3 章

山乡巨变　水都答卷

经过五年的努力，丹江口市变了——人变精神了，村庄变美了，农民更自信、更幸福了。

第一节　搬出大山富路宽

脱贫攻坚工作伊始，丹江口市就把解决贫困户住房安全作为精准扶贫第一大战役，在 2015 年就启动了生态扶贫搬迁工作，同时把易地扶贫搬迁与美丽乡村统筹谋划，同步实施，在确保质量安全的前提下，坚持首战必胜，严把"三关"，全力推进。严把政策执行关。坚持"两公开"（公开评定搬迁对象、公开搬迁政策）、"两不准"（不准超面积建设、不准贫困户因建房增贫）、"两配套"（配套基础设施和公共服务、配套脱贫项目）、"一统配"（政府统一建设，实行"交钥匙工程"），严格政策标准。严把工程质量关。把建房工程质量安全作为易地扶贫搬迁的生命线，细化市、镇、村三级监管责任，构筑"考核监管、过程监管、源头监管"三大体系，切实让搬迁工程"建得快、建得好"。截至 2018 年底，全市 13107 户 42469 人易地扶贫搬迁建房、搬迁入住、拆除旧房任务全部完成，共建成集中安置点 444 个，集中安置 10417 户 32941 人，集中安置率 79.4%；分散安置 2690 户 9528人。逐步完善了栏圈、菜园、农具房、红白理事房、路灯、公厕、环卫等"七个一"配套设施建设，强化公共服务，确保实现"搬得出、稳得住、能致富"。

◆ ◆ 故事一 ··

双手装扮美好生活

走进习家店镇习家庄石门安置点，只见青山环抱，绿树簇拥，一排排红瓦白墙的新居在蓝天白云的映衬下分外醒目，整齐划一的太阳能路灯，栽植有序的桂花、香樟，完全小区化的现代化设施，安置点内环境优美、功能齐全。作为安置点居民的一员，2019 年 27 岁的蒋

图 3—1 环境优美、宜居宜业的石门安置点

金莲对党的易地扶贫搬迁政策充满感恩之情，对未来的幸福生活信心满满。

享受易地扶贫搬迁政策，住进新房子，解决了蒋金莲的心头之患。她本是贵州人，2012 年嫁入习家店镇老君殿村，婚后丈夫长期在外务工，家里两位老人和三个孩子全靠蒋金莲一个人照顾，不管是就医、出行，还是孩子读书，都非常不方便。现在有了政府这么好的易地扶贫搬迁政策，孩子上学、交通出行、看病都方便多了，能住上这么好的小区，她感觉自己生活在梦里。

搬到安置点后，蒋金莲心里第一件事就是找一份稳定的工作补贴家用，经过自己的努力，她在镇上超市找了一份摆货员的工作。2019 年 6 月初，不安于现状的蒋金莲毅然辞掉工作，选择自己创业，在镇上开了家小吃店。

"我想把老家的过桥米线、酸辣粉、凉皮等小吃引过来，自己当老板可以让家里生活过得更好一点。"这就是蒋金莲开店的初心。

创业之初，她面临最大的问题就是手头资金不够，租店面、装修、采购家具、买原料、请人手，这都要花钱。

"虽然有困难，但自己多做点、多跑跑，也能省下不少钱。"为了节约成本，她自己买材料、自己装修、自己干。

开业后，她没有请服务员，从招呼客人到下厨做饭再到收拾碗筷、打扫卫生，都是她一人忙前忙后。在她的坚持和努力下，小吃店红红火火地办了起来。

每天早晨五点，蒋金莲就在自家小吃店里忙碌起来，烧水、备料、摆放桌椅。

虽然店里店外都只有一个人，但是她却把自己的小店打理得井井有条。

等过了饭点闲暇之余，蒋金莲就会前往安置点的棒球垒球扶贫车间，和姐妹一起缝缝棒球、拉拉家常，赚赚外快。

蒋金莲说道，现在镇上把扶贫车间都开到了安置点楼下，我们出

图 3—2　闲暇时蒋金莲就到附近的扶贫车间做工

门就能就业、下楼就能赚钱，只要勤快，就能致富。

酸辣粉是云贵川地区的特色小吃，蒋金莲从小就爱吃爱做，做起来更是得心应手，再加上善于钻研配方，来的客人对她的手艺赞不绝口。

"小吃店最重要的就是味道要好，现在店里主卖酸辣粉和凉皮，为了能让镇上的人喜欢上老家的美食，我还要根据店里客人的意见修改自己的配方。"说到开店的心得，蒋金莲说得头头是道。

蒋金莲算了笔账，自小店开业以来，一个月毛利润有 3000 多元，比在超市的收入高出一大截。

现在靠着丈夫在外打工和店里的收入，脱贫后的蒋金莲一家，不仅有了稳定的收入，日子也像芝麻开花节节高，越过越红火。

谈到以后的打算，蒋金莲信心满满，做酸辣粉只是第一步，到了冬天她还准备卖麻辣烫、冒菜，等有了稳定的客源，她计划开展送餐上门业务，以便捷的服务吸引更多客户，将自己的餐饮事业越做越大。

◆◆ 故事二 ....

我有"甜蜜"事业

白杨坪林业开发管理区的边陲，有一个叫缸沟的小村落。说是村落，其实只居住有 1 户人家，弟兄 3 个，6 间房屋 2 间牛棚。

整个院落背靠深山老林，屋前一片坡地，唯一的一条泥巴路从屋前曲曲弯弯通向外面世界。

"交通不便，居住条件非常差，当地人只有靠外出打工改善生活状况。"世世代代在此地居住的黄朝有介绍说。

2016 年，国家易地扶贫搬迁政策出台，针对生产生活环境恶劣、居住条件差的贫困户，由政府出资统一建设搬迁扶贫房。黄朝有一家被纳入搬迁扶贫对象。

2017 年，黄朝有一家从缸沟顺利搬迁，入住白杨坪林区集镇 100 平方米的集中安置房。

"房屋宽敞明亮、水电路等各项基础设施和公共服务配套设施齐全，进出办事容易了，孩子上学方便了。"黄朝有指着新房说，全家

图 3—3 白杨坪林区易地扶贫搬迁安置点

人乐得合不拢嘴。

搬迁后面临产业转型和就业增收等问题。白杨坪林区生态环境非常优良，特别适合中华蜜蜂的生态养殖。

2017年，林区组建成立了花满山生态农业合作社，专门发展中华蜂养殖，以其带动贫困群众增收致富。但由于之前林区的蜜蜂养殖管理差、缺技术、产量低，蜜蜂养殖一直没有得到更好的发展。

针对这一情况，林区选定黄朝有作为负责人，牵头和白杨坪林区其他蜂农共同发展蜜蜂养殖。2018年以丹江口市花满山生态农业专业合作社为基地，申请"十堰市创业孵化基地"项目。花满山合作社先后和十堰市神农蜂语生物有限公司、丹江口市启明中华蜂养殖有限公司达成技术合作，先后对林区养蜂户进行60多场次的养蜂技术培训，培训采取理论学习、知识问答、现场指导等相结合的方式，对蜂农关注的中华蜂喂养、繁殖、分蜂、保暖、病虫害防治、蜂巢清理、越冬管理及蜂箱、巢础制作等众多细节内容进行了详细的讲解及示范培训。

黄朝有掌握养蜂技术后，经常到其他养蜂户家中帮助，手把手地教，一遍一遍示范。通过合作社规范的管理与技术培训，林区蜜蜂养殖已初见规模，效益稳步提升，群众笑开颜，全面激发了贫困户发展养蜂产业的热情，产业发展稳定。

为了把蜜蜂养殖这个"甜蜜"的事业做得更好！黄朝有利用空闲时间，学习关于蜜蜂养殖方面的技术和方法，经常向技术人员和当地老蜂农请教、探讨蜜蜂养殖过程中遇到的各种难题及解决办法。

为解决林区蜜蜂养殖过程中蜜源和种源的更优配置与结合，黄朝有经常带上两包方便面进入大山深处，去寻找最好的蜜源地和本地野生蜜蜂种源，在山上一转一天，饿了就啃口方便面，渴了就喝口山溪水，好几次差点掉下山崖，最终在海拔800余米的马鞍山村小坪和簸箩岩村找到了最优质的蜜源和种源。

黄朝有积极与各村的干部、蜂农进行交流，了解蜂农所思、所盼、所忧、所急，共商发展方式，共同讨论解决办法。为了更好地了解掌握蜜蜂的习性，黄朝有长期早上天刚亮就到养蜂基地，对蜜蜂进行观察、对比、记录，天黑才回家。

截止到 2018 年底，当地已发展蜜蜂养殖户 160 多户，养殖基地 7 个，蜂群 1500 多群，产值 200 多万元，为全区 5 个行政村精准扶贫户 345 户 1207 人发放现金红利十几万元，蜜蜂养殖管理过程中吸收贫困人口 100 多人次。有效地解决和拓宽了山区老百姓就业、脱贫致富奔小康的路子，取得了实实在在的经济效益和社会效益！

2017 年，黄朝有一家顺利实现脱贫；2018 年，白杨坪林区随同丹江口市一起顺利实现了整体脱贫摘帽目标。

心系群众冷暖，关注百姓民生。

黄朝有一家，从一个深山里的贫困户，转变成为带领乡亲们共同致富的典型，就是搬迁扶贫好政策滋润出来的一个典型代表。

大山的汉子黄朝有，将继续带领乡亲们向富有的方向继续走下去。

◆◆ 故事三

我家有了新房子

"我家有了新房子，有时间去我家坐坐。"近年来，六里坪镇广田沟村贫困户郑彬逢人便说，高兴之情溢于言表。

2016 年 4 月 10 日，郑彬一家终于圆了住新房梦。

谈起他的建房真是一波三折，一段心酸的往事浮现在这位 40 多岁汉子的眼前。

把时间拨回到 2010 年。那时的广田沟村 173 户人家，清一色的土砖瓦房，郑彬只生了一个小孩，负担轻，是当时村里的"富裕户"。

郑彬并不满足眼前的生活，他有更高的追求，那就是在村里率先建新房。

为此，他攒下了几万元钱，又向亲戚朋友借了几万元钱，在春节期间扒掉三间四壁透风的土危房，准备盖三间两层砖混房。

谁知灾难发生了，在拆危房时，刚拆了一间旧房，一堵山墙突然倒塌，把请来帮忙的乡亲砸伤了，花掉医疗费十几万元，建新房的钱花光了，还背下几万元的债务。

屋漏偏遇连阴雨，郑彬因心力交瘁，感觉咽喉吞食困难，到医院一检查，结果是早期食道癌，住院手术又花掉了8万多元，他的建房梦想破灭了。

为了还债，病情好转的郑彬含泪带着妻子和辍学的儿子前往广州打工。

由于没有文化和技术，他选择在一家铸造厂当搬运工，包吃包住，每个月能拿3000元左右的工资，妻子刘秀萍身体不好，不适合做重活，便带着儿子四处捡破烂，补贴家用。

"按照目前的收入，不出五六年，就能还清欠下的债务，再奋斗个三四年，就能赚到建新房的钱。"郑彬心里盘算着。

为了早日实现脱贫愿望，郑彬和妻儿勤做减用，舍不得乱花一分钱。过年也不曾回家，除了赚取春节值班费，还为了省下回家的车费。

到2016年腊月，离家已经5年，郑彬翻出压箱底的存折，仔细算了下，他发现，除了还清欠下的债务，还有2万多元余款，离他建新房的梦还相差很远。

正在左右为难时，他接到家乡打来的电话，告知他说，根据实际情况，他家被列为村里建档立卡贫困户，且是第一批生态贫困搬迁户，要他回乡到集中安置点建房，政府给予3万元的建房扶助金，还将其作为医疗救助对象。

终于可以圆梦了！他听着家乡村干部打来的电话，感激的泪水唰唰流下来。

当年腊月二十，郑彬带着妻儿，美滋滋地坐上回乡的列车。

图 3—4　广田沟村易地搬迁点郑彬的新房

　　一别 5 年，沿途的变化让郑彬甚感陌生，"镇上怎么多了这么多高楼，村组道路变宽了，还铺上了水泥，过去破旧的村庄已经被砖房小楼代替，到处都是热火朝天的建房场面……"眼前的一切都那么的新奇，郑彬像个孩子似的坐在通村公交车上东张西望，嘴里不停地发出啧啧赞叹声。

　　郑彬迫不及待地走进广田沟，让他没想到的是，刚下车，迎接他们全家的是驻村市直扶贫工作队员和村里的父老乡亲，这个 42 岁的汉子再次感动得热泪盈眶，拉着帮扶干部的手久久不愿放下。

　　"郑彬，这么多年在外没回家，吃了不少苦吧，赶紧把土房子拆了建新房……"乡亲们的话，让仿佛在梦中的郑彬醒了过来。他放下行囊，与乡亲们一道把家中的家具搬进过渡房，开始了建新房的事。

　　经过两个多月的劳作，郑彬家的新房建好了。郑彬带着客人参观他的新房："你瞧这房子多结实，还有卫生间、自来水，比起以前四处漏风的土房子好得没法说！能住这宽敞明亮的新房，心里由衷感谢共产党的扶贫好政策呀！"

望着自家漂亮的房子，郑彬心里有了他的脱贫计划：回乡开办种植养殖脱贫产业，带领乡亲一起富裕。

与搬迁工作同步推进，栏圈、菜园、农具房、红白理事房、路灯、公厕、环卫等"七个一"配套设施逐步完善，公共服务日益强化，真正实现了"搬得出、稳得住、能致富"。

第二节　泥腿子变身产业工人

农村巨变，变在生活方式上。

在三官殿办事处马湾村里有个车间，村子不大，厂房不大，产品也不大。这是三官殿办事处马湾村扶贫车间给人的第一感觉。

马湾村是一个典型城中村，村民基本都是失地农民，建设"扶贫车间"的"产业＋就业"扶贫办法，显然是最适合村民脱贫致富的好路子。

2019年3月，三官殿办事处牵头引进外地企业，成立了丹江口市豪安电子科技有限公司，将车间建在了老百姓家门口。

市场不小，前景不小，作用更不小！深入了解这个以电子科技产品为主导的扶贫车间后，你会不由发出这样的赞叹。

扶贫车间的工人们主要负责组装蓝牙耳机、蓝牙音箱、充电宝等小东西，但因为特别迎合消费升级的旺盛需求，拥有广阔的市场前景和持续迅猛的发展势头。

如今，在三官殿各扶贫车间生产的电子科技产品已经卖向了全中国，贫困户们靠着手里的活计，在跟世界做生意。

豪安电子科技深耕电子产品市场多年，与多家知名企业开展合作，生产了许多红遍各大电商平台的爆款产品。企业产销两旺，对脱贫攻坚的带动作用就更为明显，入驻三官殿不到一年，就建设了吸收150人就业的扶贫工厂，并在马湾、安乐河、狮子岩、高家沟、许家畈等5个村建起了扶贫车间，"1+N"遍地开花。目前，5个村的扶贫车间共提供务工岗位155个，带动贫困户103人

图3—5 每月月底是扶贫车间工人们最开心的时候

就近就业。当地群众工作、顾家两不误，实现稳定增收。

一家企业辐射多个村，建设多个扶贫车间，形成上下游产业链条的"1+N"模式，有效解决了村级引进市场主体难、企业用工难、群众就业难等突出问题，可谓一举多得。

豪安电子科技虽然生产的是潮流前沿产品，但对劳动者整体素质的要求并不高，劳动强度也不大，能最大化吸收农村剩余劳动力，实现家门口就业。

家住该办事处安乐河村6组的吕弟华曾长期外出务工，2018年因丈夫病逝不得不回家照顾读高中的女儿，已经56岁的她想找一份工作很不容易。"今年3月开始在豪安上班，每天坐在车间里组装蓝牙耳机，工作挺轻松，每个月有2000多元的收入，我很满足。"吕弟华说，像她这样轻松实现家门口就业的贫困户还有很多。

为让贫困户可以兼顾家庭，扶贫车间灵活调整作息时间，预留了接送孩子、回家做饭时间。

有些村还采取来料加工模式，贫困户可以坐在家里搞生产。

同时，因为企业效益好、产品订单多，扩大经营和增加就业的需求大，扶贫车间的"可复制程度"极高。目前，豪安电子科技的扶贫

车间呈"裂变"态势，形成了以"扶贫工厂"为原料生产中心，以9个村"扶贫车间"为配件加工中心的电子产品生产加工产业链，各车间环环相扣、相辅相成。

企业主要负责人向笔者介绍："我们的产品贴合消费热点，市场需求量持续攀升，企业效益越来越好，带来的脱贫红利就越来越多。"

目前，扶贫车间每天生产蓝牙耳机2万个、锂电池2万个、耳机充电盒1万个、塑料外壳5万套，各村扶贫车间开足马力生产仍供不应求，"造血"功能体现得淋漓尽致。

以"1+N"模式搞活扶贫车间的同时，三官殿办事处还进一步围绕扶贫车间谋划产业升级，帮助企业办成"大工厂"，将办事处发展为"产业园"。截至目前，办事处已挂牌运行的扶贫车间达14个，扶贫作坊10个，扶贫工厂1个，在建车间1个。提供务工岗位596个，带动贫困户就业401人。办事处积极创建各种类型的扶贫车间，在做大做强上下功夫，在规模和长效机制上做文章，创造更多就业岗位，不断升级"造血"能力，为实现高质量脱贫、高质量发展奠定坚实产业基础。

将扶贫车间开到家门口，让农民"变身"成产业工人，技能培训在这里发挥着巨大作用。

丹江口市整合培训资金和培训资源，采用"订单、定向、定岗"的形式为全市贫困劳动力提供驾驶、厨师、家政、种植、养殖和美容美发等多种专业的技能培训。

"从技能培训，到大棚建设，到发展规划，帮扶干部一步一步牵着

图3—6　三官殿办事处将扶贫车间开到家门口，产业培训送到田间地头

我手走，才让我有了今天的成绩。"丁家营镇贫困群众刘海军感慨地说。

48 岁的刘海军，家住丁家营镇丁家营村二组，现在是丹江口市万辉生态农业专业合作社的总经理，同时也是丁家营村食用菌扶贫车间的负责人。

刘海军是第一个"敢于吃螃蟹"的人。

刘海军所在的丁家营村，是丁家营镇一个典型的城中村，大多数农户落户在集镇，20 世纪 90 年代，村民收入主要靠种植蔬菜、外出务工。精准扶贫精准脱贫号角吹响，当地政府和村两委积极响应国家号召，落实各项扶贫政策，发展优势特色扶贫产业，精心培育大户带动，兴办合作经济组织，创办各类扶贫车间（作坊），形成"一乡一业""一村一品""一户一增收项目"的扶贫产业发展格局。

"脱贫攻坚，要发展产业。看到国家的好政策和村民们急切脱贫致富的心情，我主动找到村委会请缨，想带头建大棚，种植香菇。"刘海军说。

2018 年 3 月，镇、村干部带着刘海军一起，到竹山、谷城和河南西峡考察学习香菇种植技术，顺便掌握市场行情，摸准销售形势和渠道。

这更加坚定了他发展香菇产业的信心和决心。

说干就干。刘海军拿出自己的家底，并通过亲戚朋友帮借等方式，先期筹资 60 多万元，选择适宜的位置，租赁流转农户闲散土地 26 亩，平整好场地，抢晴天，战雨天，用短短几个月的时间，建起高标准大棚 30 个，平均每个 180 平方米，总面积达 5400 平方米。建起了烘干车间，修通完善排水、道路等设施。2018 年春季，他抢抓时机利用几天的时间制作袋料菌棒 10 万棒。在全镇第一个建成较大规模的香菇基地，并在通往基地的路口竖起了"食用菌扶贫车间"牌子。

袋料香菇种植从生产到管理，从装袋到出菇，要经历拌料、灭

图 3—7 刘海军建成的标准化香菇产业基地

图 3—8 香菇料袋大棚

菌、接种、养菌、通氧、越夏等十几个程序，每个程序都很有技术讲究。特别是要严把三道关：一是杀菌关；二是点菌关；三是越夏关。其中越夏关是关键之关键，需经历 3 个月的漫长期，一点处理不好，就会发生筒子烧袋，整个菌棒就会报废，前功尽弃。

为确保万无一失，刘海军自始至终把种植管理技术放在心上，也牢牢地抓在手上。他花大本钱，专门从河南西峡请来技术专家，手把手教菇农每一个环节的生产管理技术，并聘用固定技术员进驻扶贫车间，到产业基地进行技术指导，彻头彻脑地落实好每一个技术环节，最大限度地预防和减少因技术未到位而带来的生产经营损失。

2018 年 9 月初，扶贫车间里，10 万棒香菇正式在大棚上架出菇。出菇时期，刘海军更是忙得不亦乐乎，每天都忙碌十几个小时。遇到第二茬大棚里的香菇"疯长"，他一边组织贫困户每天采摘，一边组织劳力挑选分级，上等品联系进十堰城区超市，一般品销往河南西峡香菇大市场。

"袋料香菇种植一季，收获三四茬，第一茬香菇在大半月就可收获销售完毕，属第二茬、第三茬为最好，质量好、产量高，收入比前茬高出 60%，鲜菇均价每公斤 8 元，干菇均价每公斤 60 元，10 万棒香菇第二茬收获 15 万元不成问题。"刘海军高兴地介绍说。

香菇扎堆"疯长"，找人采摘和保鲜是个问题。刘海军动员贫困户到基地务工，在生产和管理的高峰期，平均每天有近 30 人在基地务工。在当地政府和扶贫工作队的扶持下，投资 20 余万元，在基地附近兴建 100 平方米的保鲜库，解决了保鲜和来不及烘干的问题，保证了香菇以正常品质和价格及时销售到市场。目前，产品呈供不应求势头，十堰华西批发市场、河南西峡市场营销商们直接上门拉货。

致富不忘乡邻。在镇村的积极支持下，刘海军牵头组建了万辉生态农业专业合作社，创办了全镇第一家食用菌扶贫车间，推行"合作社＋基地＋贫困户"模式，搭建村集体、种养大户和贫困户三方利益联结机制，获得产业发展的多赢局面。在刘海军的带动下，目前丁家营村已有 56 户建档立卡贫困户出资入社托管菌棒，获得流转土地、务工、产业奖补等多方收入。丁家营村二组贫困户王世明，入社托管香菇 3260 棒，仅此一项获得产业奖补 11400 元。

一花引来百花开。丁家营镇殷河村、铜架山村、饶祖铺村也纷纷

图 3—9　丁家营镇第一家食用菌扶贫车间

搞起了香菇产业，目前全镇香菇总量达到了 30 万棒。在香菇基地建起冷库 2 个，扶贫车间 4 个，已带动 300 余户贫困户增收脱贫。小小菌棒棒，变成了"金棒棒"。

一排排大棚鳞次栉比，一袋袋菌棒整齐排列，香菇规模种植效益凸显。香菇是种植业中最具活力的经济作物之一，已成为丁家营镇首要的农业支柱脱贫产业。

第三节　让青山变成"金山"

产业是脱贫之基，产业是致富之源。丹江口市坚持把脱贫产业发展作为重中之重，摆在优先的位置，采取各种得力措施，狠抓贫困户脱贫产业的培植，创新产业发展模式，坚持政府、群众、龙头企业、合作社、银行"五方"联动抓产业，奖金、薪金、租金、股金、基金"五金"联结促增收。坚持政府主导。按照村有主导产业、户有增收项目、人有一技之长的目标，突出"两为主、两加强"（以现有产业为主、以种植业为主，加强品牌农业、加强生态观光农业），出台系列扶持产业发展政策，实行"以奖代补、先干后补"，发展扶贫产业。坚持群众主体。因村因户精准施策，能种则种，能养则养，需务工则务工，逐户落实增收项目。2016 年以来整合产业奖补资金近 5.2 亿元，用于乡镇和贫困户发展脱贫产业。2018 年，全市建成柑橘、茶叶、核桃等特色产业基地 43 万亩，贫困户养殖猪、牛、羊 16.4 万头（只）。坚持龙头企业带动。扶持龙头企业 40 家，推行"企业＋基地＋贫困户"模式，引导贫困户加入市场主体，实现流转土地得租金、入股分红得股金、企业务工挣薪金。坚持专业合作社联动。推行"家庭农场＋贫困户""能人大户＋贫困户""旅游＋扶贫"等产业经营机制，扶持专业合作社 255 家、家庭农场 115 个、种养大户 528 个。坚持金融撬动。投入财政资金 5120 万元，建立扶贫小额信用贷款风险担保基金，确保贫困户实现"免担保、无抵押"信用贷款。2015 年至今，累计为 7641 户发放贷款 4.62 亿元。创设产业基金。成立长江证券丹江口产业培育基金、和生高投丹江口产业升级与发展基金、国寿丹江口绿色扶贫产业基金等 3 只产业基金，资金总规模 4.5 亿元，助推扶贫产业发展。2019 年新建柑橘基地 0.575 万亩、改造 1.954 万亩；新建茶园 0.13 万亩、改造 0.928 万亩；新建猕猴桃基地 460 亩、改造 680 亩；大力发展生态养殖产业，2019 年全市出栏猪、牛、羊 25 万头（只）、存栏 19 万头（只），其中贫困户出栏猪、牛、羊 6.19 万头（只）、存栏 6.21 万头（只）。全市建档立卡贫困人口 30200 户 98779 人中，依靠产业发展实现脱贫的达 27692 户 96045 人。

发展柑橘产业

习家店镇行陉坡村 3 组村民杨明金是村里的精准扶贫户，多年来，勤劳的老杨就在自家的几亩柑橘园里勤扒苦做，可怎么也摆脱不了贫困。精准扶贫工作开始后，老杨发现，还是那片橘园，收成却大不一样了。

在杨明金的柑橘园里，成片青里带着黄的柑橘压弯了枝头。老杨正在园里摆弄着这些宝贝橘子，脸上笑成了一朵花。60 岁的杨明金，全家 6 口人，老伴身体不好，女儿女婿常年在外务工，家中生计就是靠着几亩橘子地和老两口种点庄稼养点鸡维持，勤劳的老杨虽说一直勤扒苦做，可日子却总不见好转。2014 年杨明金一家被当地政府列为建档立卡贫困户。

在当地政府和驻村帮扶干部的帮扶下，一心想摆脱贫困的老杨干劲更大了，村里和扶贫队组织的各种柑橘技术培训，老杨都积极参加。橘园密改稀、柑橘品种改良，老杨也一样没落下。很快，他的柑橘产量提高了，品质也提升了。

　　杨明金说："我今年种了 15 亩柑橘，预计可产 8 万斤，跟 2018年相比要多个 3 万斤，和 2018 年相比收入大概要增加两三万元。"

　　柑橘产量质量的双提升，还只是老杨增收的一部分，在村里的引导下，老杨和许多精准扶贫户都加入了当地桦厂洼柑橘厂旗下的万历柑橘合作社，由合作社统一提供苗木，提供种植标准，统一施肥管理，统一品牌，最后由合作社回收销售。这种"合作社＋贫困户"的模式，让老杨的收入又增加了。

　　杨明金女婿说："剪枝是个技术活，通过合作社密改稀技术培训，剪枝之后，今年橘子个头大也匀称，能卖个好价钱。"

图 3—10　帮扶干部深入田间地头帮助贫困户采摘柑橘

　　同样的柑橘园，以前只能养家糊口，现在却能发家致富，这让老杨彻底服了，2016 年，杨明金一家顺利摘掉了贫困的帽子。

　　习家店镇行陡坡村党支部书记蔡毅告诉记者，他们村是一个库区移民村，同时也是个柑橘产量大村，主要收入以柑橘销售为主。现在通过以合作社带动村，能人大户带动当地贫困户脱贫，目前已有 58 户253 人依靠柑橘产业实现脱贫。下一步他们将

图 3—11　柑橘采摘

巩固脱贫成果，继续壮大柑橘产业，带领全村人民脱贫致富。

丹江口市是全国北缘最大的柑橘生产基地，全市柑橘种植面积30余万亩，利用树下闲散地果园养鸡，是一条好的富民路。

2016年4月，走进习家店镇小茯苓村，满山遍野的橘园里，散养的品种鸡正在悠闲地散步，绿树掩映下的农舍若隐若现，农家超市里人来人往，不时遇到热情的村民精神焕发、劲头十足。

说起村里的大产业橘园养鸡，乡亲们个个对村支书刘丰斌竖起大拇指，点赞、佩服加学习。

"那真是个舍得出力，吃得了苦，拼得上的主。"

"一年4000多只鸡，蛋、肉加上卖橘子的收入，20万元是稳赚了。"

火车跑得快，全靠头来带。习家店镇高举"产业富民强镇"大旗，抓班子带队伍，抓党建促发展，积极培育党员产业先锋、党员产业大户，引领全镇经济社会发展。

发展茶叶产业

2017年4月29日，浪河镇青莫村的茶园里，一垄垄修剪整齐的茶树顺着山势绵延开去，满目翠绿，焕发出春天独有的清新气息。

看着这充满生机的景象，浪河镇圣和茶叶专业合作社理事长吴红梅感慨不已，为了这片茶园，她走过了10年的艰辛岁月。

吴红梅从小生长在茶乡，她对茶叶一直有着浓厚的兴趣，茶叶采摘、制作、销售、管理等环节，她都非常熟悉。

2013年，当地一家茶企破产重组，茶厂被剥离出来，一时陷入无人管理的境地，仅留下一片空空的厂房。

望着渐渐荒芜的茶园，吴红梅有些不甘心。

2015年，脱贫攻坚战打响。当时，她看到了茶叶产业发展的良好基础和巨大空间：当地群众有茶叶生产习惯和基础，产业带动效果明显，发展茶叶产业致富这条路一定能够走得通。

经过深思熟虑，吴红梅勇敢地接下了茶厂，重新注册成立了丹江口市圣和生态农业开发有限公司。同时，她又在村里挨家挨户做工作、讲好处、讲优势，联合周边茶农，组建了圣和茶叶专业合作社。

吴红梅牵头垫资，请专家、聘教授，对合作社社员进行了茶园修剪、施肥、除草、茶叶采摘等多个专题的培训，让世代种茶的村民掌握了与市场接轨的新技术。管理水平的提高带来的不仅是茶叶品质的提升，也带动了茶叶产量的增加，通过科学种植，每亩茶平均增收近 200 元。合作社的茶园和茶厂生产的茶叶也通过了国家有机认证。

对于如何保证社员利益，解决社员后顾之忧，吴红梅也动了很多脑筋。合作社对茶农生产的茶叶鲜叶按高于市场的价格统一收购、统一加工、统一包装和统一销售。社员委托合作社加工的，合作社一律优先加工，并在加工费上给予优惠。

合作社成立一年半来，共收购社员高、中、低档鲜叶近 10 万

图 3—12 一垄垄修剪整齐的茶树顺着山势绵延开去

公斤，因为鲜叶收购价格提高，为社员增收过百万元，节省加工费 10 万余元。

吴红梅常说，社员都是一家人，要相互帮助，共同发展。圣和茶叶的"龙头企业＋专业合作社＋基地＋农户"模式，也成为带动当地

图 3—13 产业致富带头人吴红梅

贫困村民致富的好途径。合作社成立以来，致力于培训、吸纳、帮助贫困农户通过茶叶种植、乡村旅游等渠道增收致富。

"我在这里上班，每月工资 2000 多元，家里的茶园加入了合作社，年底可以分红 2 万元左右，加上孩子他爸打工，一年收入加起来也能脱贫了。"在圣和茶厂打工的合作社社员曾秀芳详细地列出了她家的脱贫账单。

"家里种了 5 亩茶，以前顾不过来，只能请人采摘，请人制茶，如果卖不出去，既亏工又亏钱。现在有了合作社，有人帮着操心了，自己只管把茶种好就行。原来一年只能卖一季茶，现在可以卖三季。"谈起合作社的好，曾秀芳十分欣慰。

如今，圣和茶叶专业合作社已有 128 户茶农入社，拥有茶园 8600 亩，同时辐射周边 5 个村、200 余户茶农，年加工绿茶、红茶、乌龙茶达到 10 万公斤。

目前，吴红梅正在着手新建 700 亩高标准茶园，并配套建设食宿、品茶、购物、娱乐等服务设施。全力打造以茶文化为主的旅游生态示范观光园，以此推动家乡的农业产业升级，带动更多的村民走上致富之路。

在扶贫产业发展模式上，丹江口市坚持龙头企业带动，扶持龙

头企业 40 家,推行"企业+基地+贫困户"模式,引导贫困户加入市场主体,实现流转土地得租金、入股分红得股金、企业务工得薪金。

在这些成功经验引导下,全市上下农业专业合作社发展生机勃勃,重点推行"家庭农场+贫困户""能人大户+贫困户""旅游+扶贫"等产业经营机制,把贫困户深度嵌入到扶贫产业发展的链条中,实现了多渠道增收。目前,该市扶持专业合作社 255 家、家庭农场 115 个、种养大户 528 户。

2019 年 4 月 12 日,牛河林区集镇的市绿羽茶叶专业合作社茶叶加工扶贫车间里,几名社员正在有条不紊地利用机器对茶叶进行炒制、风干等加工操作,现场一片热闹繁忙的景象。这是市绿羽茶叶专业合作社带动贫困户增收致富的一个缩影。

该合作社 2018 年投资近 500 万元新建茶叶加工扶贫车间项目,建设规模为 2480 平方米,具有茶叶加工、产品展示销售、商务接待、茶文化及茶艺展示、综合服务五大功能。

一期茶叶加工车间,建筑面积 1500 平方米,于 2019 年 3 月建成并投入使用。车间的建成有效地促进了合作社茶叶加工质量的提升,同时也解决了茶农茶叶加工难的问题,辐射带动该社 39 户 115 名贫困人口每年人均增收 4000 余元。

牛河林区光顶山村二组贫困户徐增新说:"市绿羽合作社办在我们家门口,我不用外出打工,现在合作社上班,每年可以增收 4000 多元。"

该合作社注册资本 800 万元,目前吸纳光

图 3—14 社员们正在有条不紊地加工茶叶

图 3—15　绿羽合作社一期投产

顶山村、凤凰山村、莲花寺村共计 191 户 500 余人入社，其中贫困户就有 95 户 250 人，合作社拥有茶园 3000 余亩，其中茶场自有基地 400 亩，合作社采用"合作社基地＋农户"模式，贫困户通过"土地流转＋务工＋合作社入股分红"等收入来源，可实现人均年增收 4000 余元。

合作社生产的牛河凤凰茶为独立品牌，广泛销售于北上广等一线城市，同时以代理加盟的方式销售，目前全国已有加盟商 10 余家，在市沙坨营路还开设有直营店。近年来，在全体社员的共同努力下，合作社得到了长足的发展，于 2016 年荣获湖北省合作社示范社，在带动贫困户产业增收、脱贫致富方面发挥了重要作用。

市绿羽合作社理事长谭燕燕说："近年来，合作社紧紧围绕服务、提高、富裕农民这一目标，按照'民办、民管、民受益'的原则，依靠科技与创新，不断完善机制、规划运作、完善管理、强化服务。在企业增效、农民增收、开拓市场、打造品牌等方面都取得了一定的成效。下一步，我们将抓好落实基础工作，规范合作社运行机制，任务

图3—16　土关垭镇武当道茶基地

到人、责任到人、推进各项工作的顺利进行。"

土关垭镇紧紧围绕"户脱贫、村出列、镇摘帽"的总体目标，按照丹江口市扶贫攻坚指挥部安排部署，做到超前谋划，因村制定产业发展，形成了以茶叶产业为主导，以新型社会组织为龙头，村村有产业示范基地，户户有增收产业项目的发展格局。

在土关垭镇常家桥村，占地面积1100亩的千亩道茶基地，将成为常家桥村绿色观光长廊。基地已投资900万元，包含金园茶叶合作社、武当道茶有限公司、神武道茶有限公司、绿博茶叶合作社，基地已吸纳附近贫困人口15人在合作社内务工，贫困户通过务工收入和土地流转费用，每年人均可增收五六千元。

在土关垭镇银洞山村茶叶基地，一排排茶圃孕育着"金叶银叶"，当地的农户在基地内忙着采摘春茶，该村因地制宜发展种植产业，引导全村群众家家户户种植茶叶、樱桃等，全村人均种植5亩，其中采摘的茶叶售卖给大型茶企，全村人均每年增收6000余元。

发展核桃产业

在脱贫攻坚战役中，蒿坪镇党委、政府围绕建设汉江生态经济带优质核桃第一镇的目标，按照"党委领路、支部引路、党员带路、产业铺路"的发展思路，不断深化"公司＋基地＋合作社＋农户"的产业扶贫模式，助推产业"造血"拔穷根。

培育企业示范引领。蒿坪镇通过招商引资成功引进了湖北霖煜农科技有限公司，几年来通过"公司建基地、村村办样板、户户有果园、协会（合作社）作纽带、科技为动力"等方式，全镇核桃种植总面积已达到 2.5 万余亩，并创建了千亩核桃精品示范园 2 个，王家岭国家级核桃示范基地 1 个。

技术先行提质增效。2017 年起，霖煜农公司与全镇 700 余贫困户签订核桃技术托管合同，由公司对核桃园开展全方位技术指导和科学管护，并签订产品购销合同，使贫困户的核桃园产值产量得到提升、销售得到保障，逐步实现精品化。

支部引路稳固基础。2016 年镇党委在霖煜农公司建立党支部，通过"支部联党员、党员带农户"，促进党员、群众投身扶贫产业大开发，并坚持长抓核桃、短抓特色养殖和经济作物增收，实现以长补短、长短结合的产业脱贫措施，力争三年内使近 5000 名贫困人口全部脱贫。

2018 年，蒿坪镇核桃挂果面积已达 6000 余亩，预计总产量可达到 120 万斤。下一步，该镇还将坚持以核桃产业品牌化、特色化为目标，抢抓脱贫攻坚的战略机遇，运用核桃博览园和生态采摘观光体验园等"产业扶贫旅游＋"模式，以点带面全力打造"核桃小镇"。

"让全家人过上好日子，和乡亲们一起奔小康。"这就是习家店镇核桃种植大户朱辉涛坚定、朴实的梦想。

2019 年 48 岁的朱辉涛说，别人都是从农村往城市里挤，他是从城里自己跑到农村来的。

原本生活在城里，有稳定的工作、收入。5年前，生性耿直、喜欢闯荡的他不满足平淡无奇的生活，毅然回到农村家乡承包起200亩荒山，全部种上核桃树，誓将荒山变金山。

13年前，朱辉涛退伍回来后在一家公司上班。一次买彩票中了10万元大奖，这在当时算是一笔很可观的财产。

有了这笔钱，朱辉涛就一直想寻找机会大干一场。

一次回家探亲的途中，无意间看到江北乡亲们都在栽种核桃，听说结出来的清香核桃味道特别香，让他萌生了发展核桃产业的想法。

经人介绍，他来到湖北霖煜农科技公司咨询，该公司立即派人对他发展清香核桃创业项目进行了全方位指导。

回到家后，跟妻子一商量，说干就干。回到老家，承包荒山、土地治理、购买苗木、请人栽植……

然而，现实并不是他所想的那样。平整土地、栽种苗木、除草施肥，花光了他所有积蓄。倒腾了两三年，钱不断往里投，这么大片林子没见结一个果，已经举债的朱辉涛心里开始害怕起来。

这时，镇农技中心和湖北霖煜农科技公司派技术人员来了，免费为他做技术指导，量身定制发展规划，支持他坚持自己的梦想。告诉他，没结果是正常现象，只要管理好，新栽植的核桃幼苗一般第五年就会挂果。

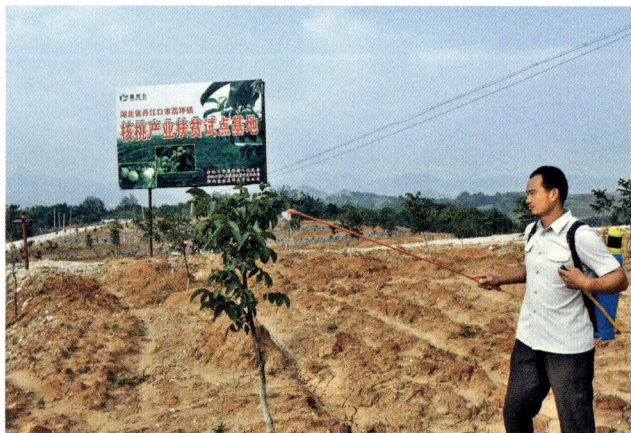

经过几年发展，他知道了冬天要给树干刷白，知道了用石灰、盐、石硫合剂自制杀菌液，知道了给幼树杀菌、防虫、保暖。

他还购回旋耕机、农用三轮车、药液喷施机等机械，亲自为核桃

图3—17 霖煜农公司核桃产业扶贫基地

园打药、除草、松土、施肥，在他临时搭建的窝棚里，一住就是半个月。

有一次夜晚刮大风，房顶全部被掀开，住处的锅、碗、瓢、盆全部被砸碎，幸亏当晚他应邀到山下的堂弟家做客，没住在里边，才得以逃过一劫。

想起兄弟姐妹们劝他放弃的话，他也多次想到放弃。

但他对自己说：不，不能打退堂鼓，我是军人，选择了要闯就只能进不能退。

经常，他一个人在林子里干活，山里静起

图 3—18　湖北霖煜农公司技术人员正在朱辉涛的园地里查看病虫害

图 3—19　勤勤恳恳的朱辉涛在使用器械喷施药物

来静得可怕，除了偶尔听到几声鸟叫，什么响动都没有。

夏天的中午，犁了半天地后坐在林子里是又累又饿，汗在流，心里是苦水直冒。

晚上回到家，把自己买回来的核桃技术书籍拿出来看，对照林业技术员的指导，自己慢慢琢磨、学习。

他不容许自己产生心灰意冷的想法。他说，信念很重要，干事业就是要耐得住寂寞。

2012 年，镇里开始大面积发展清香核桃产业，湖北霖煜农科技公司也将他的核桃基地作为示范基地给予技术和物质上的帮助，这更加坚定了他发展核桃事业的信心。

在该公司技术人员的帮助下，他学会了给核桃修剪、拉枝、定干等技术。2018年，他的核桃树结了200多斤干果，个大味儿浓，他一个没卖，全部送给村里的亲戚朋友们品尝。他坚信：只要管理跟得上，产量就会逐年翻倍增加。

五年来，他已经累计投进去了70多万元。2019年春天，有人上门找他，想出价150万元收购他的园子。

他没卖。他说，从一棵棵小苗子长到现在4米多高，那可都是倾注了自己全部的心血、希望，多少钱都不卖。

朱辉涛说，事业才刚刚开始，将来他要把园子里全部铺上水泥路，把水引到山顶上，把园子做成全市知名的标准示范园，把技术无偿传授给乡亲们。

如今，他的核桃园里，满山遍野的核桃挂满了果，周边的乡亲都跟着种核桃，只要遇上技术难题，他总是亲自到现场查看指导。

朱辉涛现在已成为村里的名人了。憨厚、朴实的他说，这辈子没白活。

发展特色种养

在土关垭镇姚河村地生木耳产业扶贫示范基地，基地内地生木耳长势喜人，有不少当地贫困户正在基地内栽植用于地生木耳生长的菌棒。据了解，在市委宣传部的帮扶引进下，2017年9月，姚河村地生木耳基地项目成立了，该基地占地11亩，发展木耳10万袋，该村党支部带头先行种植，示范引领，村集体发展5万袋壮大集体经济，11户贫困户积极响应发展木耳4万袋。按照精准扶贫产业发展政策，贫困户发展木耳种植，可以享受扶贫产业资金补贴2元/袋，除去成本，每亩可增收2万元。

在土关垭镇金山村的丹江口市万润生态农业专业合作社基地，用于养殖小龙虾的塘堰错落有致、整齐划一，该基地现已建成基地 60 亩，其中流转贫困户土地 12.39 亩，贫困户在基地内务工和养殖可实现增收，小龙虾特色养殖为该村脱贫出列蹚出了新路子。

土关垭镇金山村副主任黄涛介绍说，合作社采取"合作社＋基地＋贫困户"模式，产品主要在丹江口市及周边县市销售，预计 2019 年能够带动村集体收入 2 万元，贫困户通过流转土地费用、务工费用能够每户每年增收近 2000 元。

土关垭镇结合资源、区位、产业等优势，在深入调研、充分论证的基础上，加快推进扶贫产业发展，发放贴息小额信贷 400 多万元，支持贫困户通过产业发展脱贫，共引进、培育新型市场主体 39 家，新引导 506 户贫困户 1983 人加入新型市场主体，培训贫困人口 320 余人次。

图 3—20　万润生态农业专业合作社虾塘

第四节 "土山货"变成"俏销品"

贫困群众种什么？农产品能不能销出去？商家给的价格合不合适？

这些问题，可以在丹江口新合作超市高杆灯店找到答案。

走进超市农副产品卖场，偌大的"丹江口市电商精准扶贫超市"招牌显得格外醒目。

在扶贫超市入口处，立柱上悬挂的"线上交易平台"大屏正在动态播放各种农特产品信息。

超市负责人柏涛向笔者介绍，这是"水都大集"电子商务平台，设有精准扶贫超市专区，实时发布着出售农产品、求购农产品的详细信息。通过这个平台，帮扶干部和贫困群众知道该种什么、该养什么、该产什么。

"时令果蔬、干鲜农特，特色小食品等，都可以通过这个平台卖向全国各地。"柏涛边示范边说道。

"能不能销售出去呢？"笔者问道。

"这个你放心，我们有覆盖十堰市城乡的强大线下销售平台，有京东、淘宝等线上合作商家，贫困户种养的那一点点儿产品不在话下。"柏涛说。

来到柜台前，笔者看到市民们正争相选购新上架的各式干货。这些农副产品上都插着"精准扶贫资料卡"的小牌子，上面"售价、品名、产地及姓名、产品说明"等一应俱全。

"这几筐都是干豇豆，怎么不放在一起呢？"笔者有些疑惑。

"这都是贫困群众一家一户的产品，质量、标准、价格都不一样，不能放在一起。"柏涛向笔者解释。

小家小户，小规模生产，标准、价格、质量难统一，销售是个大

图 3—21　丹江口市电商精准扶贫超市展示区

问题。扶贫超市将产品价格交给市场，让农户自己定价，让超市负责销售，不增加一分钱销售成本，完全提供免费服务助民增收。

"强大的营销平台、完善的收售网络、灵活的销售机制"，扶贫超市为丹江口市贫困群众营造了"帮你富"的强大气场。

"这一个月，我在这里销售了8000多元的农特产。"当日，牛河林区的村民杨淑华向笔者介绍说，"没想到自家产的农产品也能卖进大超市，而且一下子就卖完了"。

"我卖了3500元的绞股蓝。"土关垭镇的王万丽说，"第一次送货时标准不统一，不好卖。超市专门安排人教我如何打理产品，这才有起色。"

跃进门社区的刘婶正在选购商品，看到这边热闹，也凑上来。她说，现在越"土"的东西，人们越是喜欢，扶贫超市卖的都是农民每家每户的"土"特产，肯定最受欢迎。

说着，她还将选购的一大袋干豇豆、黄豆和果蔬等拎起来给大伙看。

图 3—22 丹江口市电商精准扶贫超市一角

图 3—23 "水都大集"农产品信息交易平台

丹江口市现共有两家扶贫超市,分别在丹江口新合作超市高杆灯店和均州老街武当道茶城农产品展示中心,2016 年 8 月正式对外营业。目前,已有 200 余户贫困群众在这些超市售卖自己产的农特产品,包括大米、土豆、红薯干、土鸡蛋、土蜂蜜等 10 余个品种的 1000 多份农产品。另有 2000 多份贫困农户的待销产品信息通过"水都大集"电商平台和大屏实时发布。

市商务局局长赵全富介绍,扶贫超市的货源由各镇扶贫驻村工作团牵头、驻村工作队负责,标明户主、品名、重量、价格等信息,转交扶贫超市进行直接销售。

同时,该市还把电子商务纳入扶贫开发工作体系,形成电商物流送货和贫困户自行送货到超市的长效机制,推进线上线下同步销售,力求实现农产品"应收尽收,能销尽销"的目标。

"会种会养的人多,会卖的人少,这是当前农业产业化的一个软肋,尤其是精准扶贫建档立卡农户,更是缺乏销售信息和销售能力"。驻土关垭镇姚河村工作队队长黑志强说,"扶贫超市真正打通了贫困户农产品进入市场的捷径，破解了群众增收难题，成为脱贫致富希望"。

"我们这个丹江口的血桃非常好吃，希望大家踊跃来订购，全网最低价……买了明年还想买，谢谢大家。"2018 年 7 月 18 日，直播推销农产品的王林正在果园里推销贫困群众的水果。

44 岁的王林，是丹赵路办事处计家沟村村民。工作间隙，他向笔者讲述了"微商"从业经历和心得。

早些年，王林在东莞一带打工多年，2014 年，因父母身体不好，一家被纳入建档立卡贫困户。

2015 年，为照顾孩子上学，他回到丹江口，回家后不时有以前一起打工的老乡，托他代购家乡的灰蛋、鱼、芝麻油、橘子、腊肉、腊鸡等。

代购次数多了，就有了自己的客户。王林在工作队员和村干部的帮助下，开起了微店。

"很多货是我上门从其他贫困户家里收的。比如豆角，鲜货 1 块钱 1 斤，七八斤鲜货加工成 1 斤干货，我出 15 块收，再通过微店卖出去，一斤卖 25 块，是不是都赚了？买家拿到了正宗的乡村绿色食品，也赚了。"说到生意，王林侃侃而谈。

除了干货，偶尔也通过微店卖点果蔬鲜货，2018 年开始帮助本村贫困户把桃子卖了出去。当听说残疾人纪虎家里的血桃滞销时，王林主动上门，在网上一口气帮助纪虎卖桃 2000 多斤。

2019 年，王林提前下手，在桃子未熟时，就在网上预售，200 多名顾客下单，将纪虎等农户的桃子，早早订购，最终以高于市场行情的价格，又卖出桃子 4000 斤左右。

"王林大哥不仅帮忙卖桃子，2019 年春上，还帮我家卖蚕豆，平时还给我代充话费。"纪虎说这些时，言语间满是感激。

王林"微商"的名气渐渐传开，不时有村中留守老人请他在网上买这买那，他都乐意帮忙，从不收费。村民说他行"微善"。

图 3—24　贫困户打包准备发走的桃子

王林说，在帮助周边贫困群众的同时，他自己也有钱赚，他要将"微商"做成他的事业。

2018 年 7 月，在帮扶队员张声会和村干部的帮助下，王林准备在自家的房子里新开一个农家乐，目前已动工装修，8 月就可以对外营业了。

"装修好后办农家乐，我要走电商＋农家乐致富路。"王林说。

贫困是暂时的，只要脚踏实地、努力奋斗，好日子肯定会来的。

王林深信：人勤天不弃，贫困这一页很快就会翻篇！

有了网络，贫困群众的"山货"就能飞出大山，飞入城市寻常百姓家。

2018 年 8 月 28 日，笔者走进均县镇罗汉村的一间工作室，只见一个 30 平方米左右的房间内放着 7 台电脑，有几名农户正聚精会神地盯着电脑屏幕，"啪啪啪"的键盘打字声此起彼伏。这其中的"带头大哥"叫吕伟。

吕伟家住均县镇的罗汉村。说起吕伟，人们总是亲切地喊他为"电商一哥"，而这位整日在"线上"活跃的年轻后生是人们公认的在均县镇发展电商的"带头大哥"。

2016 年的秋天，正是柑橘上市的时节，从外地回来办事的吕伟眼看着年迈多病的父母早出晚归地采收柑橘，又帮着双亲肩挑背扛将成袋的柑橘送到收购点，最后这些用血汗换来的劳动产品只卖到每斤

5 角钱左右的价格。

"我当时看着收购箱里金黄色的柑橘，心里难过极了！这些经过反复挑选的柑橘要是通过电商销售可以卖到 2 元左右。"发展电商销售当地农副产品的念头就这样在吕伟的心里萌芽了。

说干就干！ 2016 年 10 月，吕伟申请了一个淘宝店铺，在自家小店里推荐均县镇的脐橙，没有本金，吕伟就通过网络预售的方式进行销售，并多次与申通等快递公司协调运费，又联系厂家制定独具均州特色的包装箱。

诚意满满的推荐、口感纯正的产品以及浓郁的古均州韵味，让吕伟的淘宝小店在众多淘宝店铺中脱颖而出。当年，吕伟就轻轻松松地赚了 3 万元钱，并结识了 1000 多名消费者，回头客也高达 300 余人次。

尝到电商的甜头后，吕伟终于放开手脚，大胆地发展电商产业，先是试探性地销售脐橙、柑橘，后来逐渐拓宽销路，卖起了腌菜、蜂蜜等产品，小小的店铺内，货品丰富，好评如潮。

图 3—25　丰收的橘农掩不住内心的喜悦

图 3—26　丹江口电商园外景

同时，吕伟的淘宝小店辐射带动村里的贫困户、非贫困户共享"福利"，帮助贫困人口销售脐橙等农副产品 7 万斤左右，吸纳 3 名贫困人口就业，并带动 12 户群众发展电商。

"我现在正在筹划成立一个合作社，采取线上线下相结合的方式，在淘宝和微信朋友圈销售我们均县镇的农副产品，将吸纳 39 户贫困户、89 户非贫困户入社。"吕伟介绍道。

目前，丹江口市有 2000 多名像吕伟这样的"触网"青年，他们靠自己的双手，用自己的智慧，点亮了自己，照亮了贫困群众。

第五节　美丽乡村看这里

严格政策"真扶贫"，将脱贫攻坚和美丽乡村建设同步推进，2017 年、2018 年对 14 个深度贫困村共实施"五基"（基本产业、基础设施、基本公共服务、基层组织、基层乡村治理）项目 276 个，投入项目资金 28351.8 万元；投资 10.32 亿元，完成了 56 个重点贫困村"九有"项目和基础设施补短板建设，深度贫困村和重点贫困村的基础设施和公共服务得到提升完善。

如今丹江口市，14 个省级生态乡镇，64 个省级生态村如一颗颗璀璨的明珠，镶嵌在水都大地上。

"泥巴营"变身"丽家营"

千亩桃花亮丽绽放，胭脂万点，犹如红云一片；油菜花芬芳吐蕊，花香袭人，铺下遍野金黄……夏日，笔者走进习家店镇茯苓村看见，红瓦白墙的农舍掩映在青山绿树之中，黑化的沥青路面通到村民的家门口；村庄前 2000 亩农博园内，百花盛放，游人如织；附近的农家乐，宾朋满座，生意兴隆……好一派"产业兴旺"乡村振兴的锦绣画卷！

"黑瓦土坯房，土路泥晒场，户户脏乱差，家家穷铛铛，污水到处流，进村人犯愁，难找几户富，到处光棍头。"这曾是习家店农博园核心园区所在地茯苓村李家营在脱贫攻坚工作开展前的真实写照。

一切的变化，从 2014 年开始。

2014 年 10 月，该镇通过招商引资，引入湖北生态农林开发有限

图 3—27 农博园内到处都是一片花的海洋

图 3—28　风景如画的习家店农博园

公司，以茯苓村为核心，辐射带动周边马家院村、陈家湾村流转土地2000 余亩，建设习家店农博园，打造精品农业休闲观光产业园。

公司入驻茯苓村以来，将园区建设与美丽乡村创建有机结合，对园区周边入户路进行硬化、统一"三建五化"，着力打造"绿原山野、花果飘香、新村典范"的绿色生态家园。

在这里，我们见到了正在园内务工的王有福，他告诉笔者，以前乡亲们是面朝黄土背朝天，一年到头愁吃穿，如今大家伙是土地流转农博园，盖了新房存了款。

说到自家新生活，老王更是滔滔不绝，说："以前，家里种了 12亩地，夫妻俩忙碌一年仅够吃喝。自从将一部分土地流转给农博园，一份地挣两份钱，夫妻俩由村民变身'上班族'，两人在园内务工，年收入 3 万多元，流转的 8 亩土地，一年流转费 4000 元，每年旱涝保收纯收入在 35000 元以上。"

"还不止呢，借着农博园这块宝地，不少乡亲靠开农家乐、卖土特产吃上旅游饭。"旁边正在干活的村民接过话茬儿说。

在园区务工的还有茯苓村 41 岁的薛华，因丈夫两年前去世，全家靠她一人支撑，还要照顾 72 岁老母亲和两个正在读书的孩子，2014 年被纳入建档立卡贫困户。茯苓村建起农博园后，她把家里的 4 亩土地流转给公司，自己平时在园区上班，每年土地流转费加上务工费用能有 2 万余元的收入，由于大儿子在武汉上大学，公司每年还给她的孩子提供生活补助。

清晨，当第一缕阳光洒向门前的千亩花海，桃园山庄农家乐的老板刘敏又开始忙碌起来，打扫卫生，淘米洗菜，准备开门迎客。

"这几天花开得特别好，持续有游客来赏花吃饭，生意火爆得很……"刘敏一边干活，一边高兴地说。

2019 年 3 月 23 日，第三届"三花节"在习家店农博园盛大开幕，来自十堰、襄阳、南阳等周边地区的 3 万名游客涌入这里赏花观景。

据茯苓村支部书记李万国介绍，2019 年已经是"三花节"的第三个年头，每年三月，习家店农博园的千亩桃花、杏花村漫山遍野的

图 3—29 风景如画的茯苓村桃源山庄

图 3—30 各地游客纷至沓来，美丽的茯苓村游人如织

杏花以及青塘、大柏河流域的万亩油菜花竞相绽放，将习家店镇装点成一片花的海洋。该镇因势利导，以农博园为依托，以花为媒，以节兴旅，吸引众多游客前来踏青赏花，体验田园风光。

每到农博园办活动，数万名游客纷至沓来，村庄公路沿线，停满一排排旅游大巴和自驾游车辆，"堵车"成为村里的一道"风景"，镇村干部变身"业余交警"，上路帮助疏导交通。

周边百姓借节"搭车"，纷纷将红薯粉条、金桩堰贡米、土鸡蛋、杏仁、蜂蜜等土特产拿到园区内售卖，零食、矿泉水、水果等"临时超市"也随处可见。园区周边及集镇的农家乐更是生意火爆，一座难求。

为了持续吸引游客，做大做强"赏花经济"，农博园以"四季有花赏，四季有果摘"为目标，在园区内种植了桃花、油菜花、玫瑰、月季、百合、紫薇、薰衣草、马鞭草等数十种花卉以及桂花树、银杏树、广玉兰、樱花树、葡萄等上百种各类树木和果林，形成千亩花海，一年四季花香四溢，花海连绵，瓜果累累。

这里，每年接待游客 15 万人次，带动园区周边 40 余农户通过开办农家乐增收致富。

茯苓村坚持生态优先，绿色发展，大力发展乡村旅游，逐渐走出了一条旅游富民、旅游强村的绿色发展之路。

现如今，走进李家营，只见"青瓦白墙新砖房，特色水果栽门旁，鸟语花香处处见，青山绿水绕村庄，天天春景人人笑，个个忙碌奔小康。"整齐划一的白墙房屋、错落有致的绿化带、宽敞平坦的水泥路、摆放有序的各类垃圾箱……处处皆景，令人心旷神怡。

2016 年 10 月，茯苓村获得湖北省"绿色示范乡村"荣誉称号；2017 年 10 月，茯苓村被评为"十堰市最美生态村"；2018 年 12 月，茯苓村获得湖北省"产业振兴村"和"十堰市旅游名村"荣誉称号。

图 3—31 如今的李家营村处处鸟语花香

深山里的"世外桃源"

近年来，丹江口市浪河镇黄龙村围绕乡村旅游发展，开发武当峡谷第一漂、清末庄园游等旅游富民项目，敞开山门迎客来，走上了旅游脱贫的新路子。

"前些年茶叶不好卖，每到开春我就发愁，有好茶，无处销售。如今，村里开办了扶贫超市，线上线下齐发力，解决了销售难题，这还不到一个月，我就挣了2000多元！"2019年4月22日，黄龙村村民杨春芳对笔者说。

"不光是茶叶，我们这里每家晾晒的笋干、蕨菜干等，都通过扶贫超市销售一空，成了城里游客口中的'稀罕货'。"旁边的村民杨永灿也打开了话匣子，高兴地向笔者介绍。

黄龙村党支部书记杨恒芳介绍，两年前，村集体收入仅有1万

图3—32 浪河镇黄龙村清末庄园

图 3—33 黄龙村民宿

元。通过发展旅游业，2018 年村集体收入已达到 17 万元。

两年来，黄龙村党支部充分发挥战斗堡垒作用，引导村民成立十堰市首家乡村旅游专业合作社，大力开发旅游产品，并在村党员群众服务中心建立爱心扶贫超市，免费帮村民打包、销售农特产品。通过扶贫超市，村里的土特产品再也不愁卖了，村民们的收入显著增加。

把旅游扶贫当作脱贫攻坚的突破口和着力点，成功将武当峡谷漂流景区打造成 4A 级景区，吸纳当地村民从事河道护漂、景区环境卫生打扫、导游服务、旅游产品生产销售等工作，让村民在景区打工增收。2018 年，景区日接待量最高时突破 3000 人次，日用工量最高超过 200 人。

游客的增加，有力带动了其他服务业的发展。

"刚送走一桌客人，得赶紧收拾收拾，还有客人正等着呢。"正在忙碌的村民王元菊一边麻利地清理餐桌，一边高兴地对笔者说。

在她家周边，修葺一新的 12 户民宿错落有致；石板路旁，鲜花开得正艳；往远看，植被茂密，苍翠欲滴；一道山泉从屋旁流过，水声潺潺。

黄龙村村民，有的经营农家乐，有的经营民宿旅馆，有的专门销售土特产，都有活干，都有钱挣。

杨恒芳介绍，两年来，景区沿线新增农家乐 35 家、土特产超市 16 家，真正实现了一业兴带动百业旺。

村里还引导当地大户成立了双龙紫云乡村旅游专业合作社，村民以现金、房屋、土地、山林入股，目前共吸纳 101 户村民入社，其中贫困户 78 户，筹集股金 125 万元、房屋 3011 平方米。当年 8 月，合作社接待中心开门迎客，共有客房 10 间，包间 9 间，最多能同时容纳 300 人就餐。

"生意好时，屋外都摆满了餐桌。"周桂忠说，夏天的游客以漂流居多，其他季节看庄园的较多。只读过初中的他兼职导游，口才也慢

图 3—34 黄龙村乡土气息的民宿，别有洞天

慢练出来了。

尝到甜头后，黄龙村村民打起了发展乡村民宿的主意，在该村李家庄和大坪山庄集中开发民宿产业。

"别看这些房子外表'土'，里面可是'别有洞天'。"周桂忠告诉笔者。

走进一间民居，只见堂屋地面铺的是青黑色地砖，实木楼梯连接房屋的上下两层，上层是两间儿童房，下层现代化卫浴、电器设施一应俱全，房内灯具都是当地农民编的竹筐套上灯泡，打开灯，一室温馨，别有一番风味。原来这些古朴的民居已经被改造成了特色民宿。

2016年，黄龙村入选第四批"中国传统村落"名录；2017年，该村上榜第一批湖北省历史文化名村。村里保留下来的古朴民居，成为当地发展生态旅游的优质资源，每年吸引大批游客慕名而来。

乘着脱贫攻坚的东风，迈着发展致富的健步，黄龙村正成为人们心中的"世外桃源"。

"渔家灯火"留"乡愁"

夏日傍晚，走进丹江口市丁家营镇二道河村，道路两旁垂柳依依，广场上碰碰车、跳跳床、小型游泳池等游乐设施一应俱全，10余名村民乐哈哈地给游客做着地道烧烤……整个村庄，洋溢着热闹喜庆的氛围。

5年前，这里只是一个默默无闻的小山村，年轻人大多外出务工，留守人员在江边打打鱼、养头猪，过着艰难的生活。

脱贫攻坚工作开展后，将这里作为生态旅游村重点建设。随着"渔家灯火"旅游村的建成，游客不断增加，村民们也一举吃上了香喷喷的"旅游饭"。

"这里环山临水，有两岸村民以打鱼为生。发展还是要从当地风俗习惯入手，留住'乡愁'富乡亲。"丁家营镇武装部部长张志学说道。

图 3—35　环山临水、环境优美的二道河村

　　该村围绕乡村游、环境整治、河道治理、基础设施建设等各项工作，逐步完善农村生产、生活、旅游配套设施，补齐发展短板，逐渐形成以美丽乡村建设促进乡村旅游发展、以乡村旅游发展带动农家乐、民宿等服务产业发展，以旅游服务业发展促进精准扶贫和精准脱贫的发展模式。

　　紧扣"渔家灯火、生态福地"品牌定位，成立丹江口市武当静乐港湾旅游度假有限公司，并整合资金 475 万元，新建生态停车场一处，新建了移民安置点至生态停车场的游步道、绿道，新铺设村庄污水管网 2000 米，新建生态停车场公厕 1 处，新建观音坪采摘园景观宣传帆一个，新建休憩凉亭一个，新发展采摘园 260 亩，打造生态农家乐 8 家。

　　人居环境得到了极大的改善，乡村旅游更是迎来了好的发展态势。

　　"基地 300 余亩，栽植有 4000 余株桃树、1500 余株樱桃树，田间套种了 100 余亩西瓜，2019 年预计收获桃子 5000 余公斤、西瓜 30 余万斤，可带动 20 多个村民脱贫致富。"吴远学介绍说。

　　吴远学是当地返乡创业青年，利用河对岸荒山建起了桃花岛观光采摘基地。

村民王成萍长年在基地里务工。"包吃包住，每月还给 2000 元的工资，到哪儿能找这样的好事。"王成萍满意地说。

村民任传有，承包基地管理。他介绍，基地里种植的桃树有 10 多个品种，每年 4 月底到 10 月底，每个月都有一个品种的桃子成熟，到 2021 年，仅桃子的产量可达 40 万斤。2017 年以来，每年仅务工费支出达 10 万元之多。

每到春、秋季，周边县市游客纷至沓来，品"均州八大碗"，赏"渔家灯火"。

游客来了，各类农特产品销量也增加了。村里及时引导支持贫困户养鸡、牛、猪等农家生态小规模养殖项目，实现瓜果蛋肉自产自销。

同时，村里还积极探索创新发展模式，成立公司 1 家、合作社 2 家，建设扶贫车间（作坊）2 家，引领贫困户多元发展致富产业，实现全村贫困户和非贫困户劳动力转移，年人均稳定增收 1000 元以上。

紧紧围绕乡村旅游做文章，开展农村人居环境综合整治。率先开展以生活垃圾分类减量化，开展"三清一改"和厕所革命，引导群众大力绿化、美化庭院，实现了村户庭院美、农村村庄美。

"现在每到节假日，前往二道河旅游的游客每天有上千人，游客越来越多了，餐厅客房都要预订，车子停满了生态停车场，非常壮观。"该村党支部书记张志斌兴奋地说道。

图 3—36 古风桃花岛

图3—37　地方特色美食"均州八大碗"

图3—38　广场成了夏日夜晚村民们休闲的好去处

看到良好的发展势头，村民杨俊丽放弃了在外的工作生活，回到家乡，和父母一起开创自己的事业。

"现在发展乡村旅游了，村庄变美了，游客也多了，我就回村开了'农家乐'，带着家人一起做事。"杨俊丽说，"以前这里穷乡僻壤的，没人来，没事儿做，村里的年轻人都外出务工，谁也不愿意回来。"

夏季傍晚，村里的广场，是最热闹的地方。丁家营镇和浪河镇集镇上的人，或带着恋人、或带着小孩和家人，开车前来乘凉。

恋人们沿着河边在垂柳下细语，小孩们在广场上玩耍……

"这里环境好，广场上的各式游乐设施只有在大城市才能见着，乡下的孩子看到很新奇，都喜欢来玩。"家住集镇上的代先生说。

每天傍晚时分，是村民邓江最忙碌的时候，也是最开心的时候。在村干部的引导下，邓江率先支起了自己的小小烧烤摊。

"2018年刚开始时，每晚营业额500多元，一晚能赚100多元。"邓江说，"现在，这样的摊位增加到8个了，虽然游客增多了，但收入还是有减少，每晚只能赚40多元钱。"

"接下来，我们还将对传统'渔家灯火'旅游项目进行深度挖掘、传承、发展，在'留住乡愁'这方面做文章，形成具有区域影响力的特色旅游品牌，让乡村旅游带动村民致富。"张志斌如是说。

绿水青山富路宽

一颗颗玲珑剔透的樱桃挂满枝头，一朵朵洁白的油牡丹连成花海，一个个快乐的"牧牛人"在山间歌唱……6 月，在绿水青山掩映中的官山镇铁炉村，处处孕育着丰收的希望。

近年来，丹江口市官山镇铁炉村扶贫攻坚，产业先行，龙头企业引领，致富大户带动，干群一心谋发展，一幅百姓富、生态美的新时代画卷，正徐徐展开。

走进官山镇铁炉村汇景苑生态农业观光园里，满山遍野的果树上挂着一串串红透的大樱桃，令人垂涎。

2014 年，该村返乡创业人士郑龙华在铁炉村成立了丹江口市汇景苑生态农业公司，先试种 500 余亩大樱桃。

经过四个年头的悉心栽培呵护，2017 年 5 月中旬开始挂果，如今的收成是一年比一年好！

郑龙华介绍说："精准扶贫工作开展后，我专程返乡，邀请专家对这里的土壤、光照、气候等方面的条件进行分样研究，发现铁炉村

图 3—39　官山镇铁炉村百亩大樱桃

图 3—40　官山镇铁炉村油牡丹基地

的土壤气候等非常适合樱桃、核桃、石榴、猕猴桃等果木生长。"

看着漫山遍野微风吹拂着的樱桃树，手捧着一簇簇红灿灿的结满果实的枝丫，郑龙华嘴角洋溢着幸福的微笑。

在汇景苑生态农业公司基地，当地的贫困户王兴明正在进行夏季管理。

"家里连开荒的坡地共有 60 余亩，全部流转给郑总种植大樱桃，平时自己还在基地务工。一年下来，土地流转费有 6000 多元，在基地务工年薪金 2.5 万元以上，不仅实现了在家门口就业的愿望，还能照顾年迈的父母，一举多得，何乐而不为呢！"王兴明向记者介绍说。

一边拿着租金，一边拿着薪金。该公司繁忙时节，每天需要用工 100 多个，每年支付劳动工资 70 余万元。

发展要靠生态，致富不忘乡邻。

铁炉村依靠着这颗小小的樱桃，已经带动当地 20 余户乡亲，共同走上了致富路。

在铁炉村腾飞油牡丹专业合作社基地里，10 余名村民正忙着种植油牡丹。

据该合作社负责人李国和介绍，在三组王家院成功流转土地 170 亩，流转土地 30 年，成立了腾飞油牡丹专业合作社，种植油牡丹。目前，已带动铁炉村贫困户 17 户 76 人加入合作社。

2015—2018 年，合作社在铁炉村及周边村累计用工达 1100 余工（次），仅支付贫困群众务工工资就达 30 万元，贫困群众人均年增收500 元以上。

目前，在十堰市委办精准扶贫工作队的牵线下，铁炉村腾飞油牡丹专业合作社成功"牵手"丹江口市凤丹生态农业有限公司，并正式与该公司签订了合作协议，确定了油牡丹籽的最低保护价收购。

"赏花、卖果都行，这是真正的生态富民产业。全村 2019 年先发展 1000 亩，再继续扩大种植规模，让全村 900 余村民靠种植油用牡丹脱贫致富。"村党支部书记程宗国说道。

58 岁的梁启斌是铁炉村的贫困户。2014 年，精准扶贫工作启动后，铁炉村扶贫工作队结合实际，帮扶梁启斌规划了通过养牛养羊发家致富的路子，为他申请无息贷款买牛买羊，并申请了羊圈补助款。

2016 年，他与铁炉村金号角生态养殖专业合作社签订了合作协议，养殖规模不断扩大，一举脱掉了贫困户的帽子，盖起了两层小洋楼。

"以前想盖房子没钱盖，没想到这辈子还能住这二层小洋楼，这是党的政策好，也是我勤劳致富的收获。"看着自己的"小洋楼"梁启斌感慨地说道。

梁启斌家的变化很多村民看在眼里、喜在心上，也纷纷加入铁炉村金号角生态养殖专业合作社。

图 3—41　铁炉村金号角生态养殖专业合作社养牛基地

合作社还通过品种改良，大大提高了本地黄牛的出肉率。目前，年出栏商品肉牛 550 头，长期固定用工 11 人，其中贫困户 8 人，临时用工 6000 人次，直接带动铁炉村及至全镇 1000 余户贫困户脱贫致富。

铁炉村的养牛人，也通过养牛过上了"牛日子"。

"脱贫攻坚，产业优先。生态种养产业的发展路子，打开了铁炉村贫困群众的致富大门，老百姓的日子会越过越有奔头。"看着生机勃勃的发展景象，程宗国信心满满地说。

半岛明珠花果飘香

龙山镇白蛇沟村金丝皇菊种植基地，原是几个荒山头，被辟成梯田，一垄垄的薄膜如同玉带，盘山而上，200 亩金丝皇菊已经蹿出头来，细雨洒过，绽放星星点点的嫩绿。

"到 11 月份开花了，那才叫漂亮。"邓世祥说，金丝皇菊色泽艳丽，气味芳香，可观赏，可泡茶饮用，颇受市场欢迎，"保守估计，每亩纯收入可达 2000 元左右。"

菊苗由镇政府从安徽亳州统一采购、发放，恒道公司提供技术指导、保底价收购，当年见收。此外，临近 5 个村已发展基地 1000 亩，还有不少村民找到邓世祥。

图 3—42　小朋友们在金丝皇菊园内载歌载舞

40 岁的黄林有 10 亩橘园，刚栽上新品种柑橘。"5 年后才结果，咱不能干等着。"听了邓世祥一番解说，他决定在橘树间套种金丝皇菊。

"头两三年，金丝皇菊能带来收益，等橘树

图 3—43　全国宜居小镇和卫生乡镇——美丽的龙山镇

长大，就把金丝皇菊移走。一块地种两样东西，都不耽搁。"黄林算着他的经济账。

龙山镇是延伸于丹江口水库的一个半岛，三面环水。该镇党委书记吕益涛介绍，从 2017 年开始，龙山镇大面积开发荒山荒坡，打造"半岛花果园"。全镇 14 个村，按照与库区远近分成 3 大区域：最靠近库区的 5 个村，恢复、改造 4 万亩橘园；略靠后的 4 个村，发展西瓜、核桃、桃树；剩下的村子均在环库路沿线，游人众多，发展樱桃、芍药、石榴、葡萄等小水果，开办采摘园。

"花季赏花，收获季节举办采摘活动。四季花果不断，既饱眼福又饱口福。"谈起乡村发展路，吕益涛信心十足。

龙山沟村的温永莲种了一辈子庄稼，两年前半信半疑地栽上 50多棵樱桃树，2019 年五一前，有 3 棵挂果。游客打门前过，看着眼热，商量一番后，自己动手采摘，按 10 元一斤付钱。"就 3 棵树，卖了两百多元，这栽的是摇钱树。"温永莲说。

龙山镇还引进市场主体，成立 20 多个种植合作社。土台村党支部书记黄云介绍，泽森公司在村里发展西瓜基地，2018 年仅发放村民务工薪酬就超过 30 万元。龙山咀村引进宜昌籍客商梅红云，成立果品合作社，邻近 4 个村 120 户农户入社，2019 年分红 25 万元，最高的一户村民拿到了 10200 元，最低也有 1850 元。

目前，该镇先后在枫土路沿线种植桃树 100 亩、樱桃 150 亩、软籽石榴 400 亩，紫薇、红叶石楠等树木 2 万余株；在土彭路连片打造一个 1000 亩的金丝皇菊、150 亩的油菜、210 亩的猕猴桃采摘基地；环库路沿线以桃树、石榴、芍药、金丝皇菊种植为主，在环库路（岭西村）打造 200 亩的樱桃（含桃树）采摘园，并配套 500 米长的"瓜田李下"；在龙山绿苑打造四条总长 1000 米的"瓜田李下"，经济、适用、美观、生态、绿色的苗木花卉景观带基本形成，形成"四季有绿、应季有花、季季有果"的美丽景观。

串点成线、连线成面、面面交织，集生态观光、民俗文化、休闲体验于一体的全域旅游大格局正在半岛明珠龙山镇变成现实。

后 记

　　脱贫攻坚是实现我们党第一个百年奋斗目标的标志性指标，是全面建成小康社会必须完成的硬任务。党的十八大以来，以习近平同志为核心的党中央把脱贫攻坚纳入"五位一体"总体布局和"四个全面"战略布局，摆到治国理政的突出位置，采取一系列具有原创性、独特性的重大举措，组织实施了人类历史上规模空前、力度最大、惠及人口最多的脱贫攻坚战。经过 8 年持续奋斗，现行标准下 9899 万农村贫困人口全部脱贫，832 个贫困县全部摘帽，12.8 万个贫困村全部出列，区域性整体贫困得到解决，完成了消除绝对贫困的艰巨任务，脱贫攻坚目标任务如期完成，困扰中华民族几千年的绝对贫困问题得到历史性解决，取得了令全世界刮目相看的重大胜利。

　　根据国务院扶贫办的安排，全国扶贫宣传教育中心从中西部 22个省（区、市）和新疆生产建设兵团中选择河北省魏县、山西省岢岚县、内蒙古自治区科尔沁左翼后旗、吉林省镇赉县、黑龙江省望奎县、安徽省泗县、江西省石城县、河南省光山县、湖北省丹江口市、湖南省宜章县、广西壮族自治区百色市田阳区、海南省保亭县、重庆市石柱县、四川省仪陇县、四川省丹巴县、贵州省赤水市、贵州省黔西县、云南省西盟佤族自治县、云南省双江拉祜族佤族布朗族傣族自治县、西藏自治区朗县、陕西省镇安县、甘肃省成县、甘肃省平凉市崆峒区、青海省西宁市湟中区、青海省互助土族自治县、宁夏回族自治区隆德县、新疆维吾尔自治区尼勒克县、新疆维吾尔自治区泽普县、新疆生产建设兵团图木舒克市等 29 个县（市、区、旗），组织 29 个县（市、区、旗）和中国农业大学、华中科技大学、华中师范大学等高校共同编写脱贫攻坚故事，旨在记录习近平总书记关于扶贫工作的重要论述在贫困县的生动实践，29 个县（市、区、旗）是全国 832 个贫困县的缩影，一个个动人的故事和一张张生动的照片，印证着人民对美好生活的向往不断变为现实。

脱贫摘帽不是终点，而是新生活、新奋斗的起点。脱贫攻坚目标任务完成后，"三农"工作重心实现向全面推进乡村振兴的历史性转移。我们要高举习近平新时代中国特色社会主义思想伟大旗帜，紧密团结在以习近平同志为核心的党中央周围，开拓创新，奋发进取，真抓实干，巩固拓展脱贫攻坚成果，全面推进乡村振兴，以优异成绩迎接党的二十大胜利召开。

由于时间仓促，加之编写水平有限，本书难免有不少疏漏之处，敬请广大读者批评指正！

本书编写组

责任编辑：江小夏
封面设计：林芝玉
版式设计：王欢欢
责任校对：白　玥

图书在版编目（CIP）数据

中国脱贫攻坚.丹江口故事／全国扶贫宣传教育中心 组织编写.—北京：
　人民出版社，2022.9
（中国脱贫攻坚县域故事丛书）
ISBN 978－7－01－024170－8

I.①中…　II.①全…　III.①扶贫－工作经验－案例－丹江口　IV.① F126

中国版本图书馆 CIP 数据核字（2021）第 253865 号

中国脱贫攻坚：丹江口故事
ZHONGGUO TUOPIN GONGJIAN DANJIANGKOU GUSHI

全国扶贫宣传教育中心　组织编写

人民出版社 出版发行
（100706　北京市东城区隆福寺街 99 号）

北京盛通印刷股份有限公司印刷　新华书店经销

2022 年 9 月第 1 版　2022 年 9 月北京第 1 次印刷
开本：787 毫米 ×1092 毫米 1/16　印张：8.75
字数：110 千字

ISBN 978－7－01－024170－8　定价：33.00 元

邮购地址 100706　北京市东城区隆福寺街 99 号
人民东方图书销售中心　电话（010）65250042　65289539